KB210973

틱낫한의
깨어 있는 마음수행

INTERBEING:
Fourteen Guidelines for Engaged Buddhism

틱낫한의 깨어 있는 마음수행

INTERBEING: Fourteen Guidelines for Engaged Buddhism

지은이 틱낫한
옮긴이 김종만
발행인 이명권
발행처 열린서원
초판1쇄 발행 2021년 2월 15일
초판2쇄 발행 2022년 2월 10일

주 소   서울특별시 종로구 창덕궁길 117, 102호
전 화   010-2128-1215
팩 스   02) 6499-2363
전자우편 imkkorea@hanmail.net
등록번호 제300-2015-130호

값 12,000원
ISBN 979-11-89186-07-4

※ 잘못 만들어진 책은 구입한 곳에서 교환해 드립니다.

※ 이 도서에 국립중앙도서관 출판사 도서목록은

   e-CRP홈페이지(http://www.nl.go.kr/ecip)에서 이용하실 수 있습니다.

틱낫한의
깨어 있는 마음수행

INTERBEING:
Fourteen Guidelines for Engaged Buddhism

틱낫한 지음
김종만 옮김

열린서원

차 례

1부 - 상즉종

2부 - 14가지 깨어있는 마음 수행 해설

3부 - 법회^{Ceremonies}

4부 - 정 관

1

상즉종(相卽宗)

14가지 깨어있는 마음 수행

상 즉 종

14가지 깨어있는 마음 수행

1. 티엡 히엔^{Tiep Hien}의 의미

'티엡'^{tiep}이란 "접촉"과 "연속"을, '히엔'^{Hien}은 "깨달음"과 "지금 여기서 깨닫기"라는 말입니다. 우리는 이 네 가지 표현을 탐구함으로써 상즉종의 정신을 더 잘 이해할 수 있습니다.

우리는 무엇과 접촉해야만 할까요? 정답은 현실입니다. 우리는 세계의 현실, 마음의 현실과 접촉해야 합니다. 마음과 접촉한다는 것은 내적인 삶의 과정-색, 수, 상-을 깨닫고 이해와 자비의 근원인 우리의 진정한 마음을 재발견 한다는 뜻입니다. 진정한 마음과 접촉하는 것은 땅을 깊게 파서 신선한 물로 우리의 우물을 채워 넣어 숨겨진 근원에 도달하는 것과 같습니다. 진정한 마음을 발견하면, 이해와 자비로 채워집니다. 이해와 자비는 우리뿐만 아니라 우리 주변의 사람들을 풍성케 합니다. 진정한 마음과 접촉하는 것은 붓다와 보살과 접촉하는 것입니다. 붓다와 보살은 깨달은 자로서, 우리에게 이해와 평화, 행복의 길을 보여줍니다.

　세계의 현실과 접촉하는 것은 우리 주위의 동물, 식물, 광물의 세계에 있는 모든 것과 접촉한다는 뜻입니다. 접촉을 원한다면, 우리는 껍질을 벗고 눈송이, 달빛, 아름다운 꽃과 같은 경이로운 삶과 배고픔, 질병, 고문, 억압 등과 같은 고통을 깊고 분명하게 보아야 합니다. 이해와 자비가 넘치면, 삶의 경이로움에 감사하고, 단호한 의지로 고통을 줄이기 위해 행동할 수 있습니다. 사람들은 마음의 안과 밖의 세계를 구별합니다. 그러나 두 세계는 나뉘지 않고 같은 실재에 속합니다. 안과 밖이라는 개념은 일상에서는 도움이 되지만, 궁극적 실재를 경험하는 데는 장애가 됩니다. 마음을 깊이 들여다보면, 동일한 세계를 깊이 볼 수 있습니다. 이것을 마음과 세계의 일치라고 합니다.

　현대 그리스도교는 수직 신학과 수평 신학이라는 개념을 사용합니다. 영적 세계는 하느님과 접촉하는 수직적 차원입니다. 이에 반해 사회적 삶은 인간과 접촉하는 수평적 차원입니다. 불교에서도 이런 용어를 사용하는 사람들이 있습니다. 불자들은 붓다의 길을 실천하는 높은 차원과 중생을 돕는 낮은 차원에 관해 말합니다. 그러나 이것은 불교의 참 정신과 맞지 않습니다. 깨달음의 본질인 불성은 모든 존재에 내재된 것이지 초월적인 것이 아니기 때문입니다. 우리는 수평을 꿰뚫으면 수직을 찾고, 수직을 꿰뚫으면 수평을 찾게 됩니다. 이것이 "접촉하기"의 뜻입니다.

　다음은 "연속"의 개념입니다. '티엡'은 두 줄을 연결하여 더 긴 줄을 만드는 것을 뜻합니다. 이것은 확장되고 영구한 깨달음이라는 의미로, 우리에 앞서 붓다와 보살이 키우고 시작한 것입니다. "붓다"라는 용어가 '깨우친 사람'을 뜻한다는 사실을 기억하면 도움이 됩니다. "보디사트바"라는 용어 또한 '깨우친 존재'를 의미합니다. 붓다와 보살이 시작한 깨달음의 길은 계속되어야 하고 불교 수행을 시작한 우리 모두는 깨달음을 이룰 책임이 있습니다. 깨달음의 씨를 뿌리고 깨달음의 나무를 잘 보살피는 것이 "연속하기"인 '티엡'의 의미입니다.

세 번째 개념은 "깨닫기" 혹은 "깨달음"입니다. '히엔'은 교리나 개념의 세계에 안주하거나 붙잡히지 않고 실제 삶에서 깨달음을 표현하는 것입니다. 지혜와 자비에 관한 개념들은 지혜와 자비가 아닙니다. 지혜와 자비는 우리의 삶 가운데 실재하고 보고 만질 수 있어야 합니다. 지혜와 자비가 실재하면 고통이 줄어들고 기쁨이 다시 태어날 수 있습니다. 그러나 깨닫는다는 것은 단지 행동한다는 뜻이 아니라 우리 자신을 바꾼다는 의미입니다. 이러한 변화는 우리 자신과 자연 사이, 우리와 타인의 기쁨 사이를 조화롭게 합니다. 일단 우리가 지혜와 자비의 근원에 접촉하면 실제적인 변화가 일어나고, 우리의 모든 행동은 삶을 보호합니다. 다른 사람들과 기쁨과 행복을 나누고 싶다면, 우리 안에 기쁨과 행복이 있어야 합니다. 고요함과 평온함을 나누고 싶다면, 우선 우리 안에 그것들이 실재해야 합니다. 고요함과 평화로움이 상실된 우리의 행동은 세상에 더 많은 고통과 파멸을 초래할 뿐입니다.

마지막으로 살펴보아야 할 문장은 "지금 여기에 있기"입니다.

우리에게는 단지 현재 순간만 실재하고 의미가 있습니다. 우리가 원하는 평화는 가까운 미래에 있지 않고 순간 속에 실재합니다. 불교 수행은 미래의 평화와 자유를 위해 현재의 역경을 견디는 것이 아닙니다. 수행의 목적은 죽음 이후, 천국이나 정토에 다시 태어나는 것이 아니라 살아 숨 쉬고 있는 바로 지금, 우리 자신과 타인을 위해 평화를 갖는 것입니다. 수단과 목적은 분리될 수 없습니다. 보살은 원인에 신중하지만 보통 사람들은 결과에 신경 씁니다. 왜냐하면 보살은 원인과 결과가 하나라는 것을 알고 있기 때문입니다. 깨달은 사람은 결코 "이것은 단지 수단에 불과해"라고 말하지 않습니다. 모든 활동과 수행은 수단이 곧 목적이라는 깨달음에 근거하여 깨어있는 마음과 평화로운 마음으로 시작해야 합니다. 앉고, 걷고, 청소하고, 일하고, 서비스를 하면서 우리 안에 있는 평화를 느껴야 합니다. 좌선 명상의 목적은 깨어있고 평화로워지는 것입니다. 굶주린 사람과 아픈 사람을 돕는 일은 그 일을 하는 동안 평화롭고 사랑스러워지는 것을 의미합니다. 우리는 수행하면서 미래의 열반이나 정토, 깨달음이나 불성이라는 큰 보상을 기대하지 않습니다. 불교의 비밀은 지금, 여기에 깨어있는 것입니다. 평화로 가는 길은 없습니다. 평화가 곧 길이기 때문입니다. 깨달음으로 가는 길은 없습니다. 깨달음이 곧 길이기 때문입니다. 자유로 가는 길은 없습니다. 자유가 곧 길이기 때문입니다.

지금까지 우리는 "티엡"과 "히엔"에 관해 살펴보았습니다. 티엡 히엔을 나타내는 영어 표현이 "인터빙"interbeing입니다. "인터빙"은

《화엄경》^{Avatamsaka Sutra}의 가르침에 나타나는 중국어 번역입니다. 나는 최근에 만들어진 이 단어가 근간에 넓게 사용되기를 희망합니다.

2. 깨어있는 마음 수행

상즉종의 멤버들은 14가지 깨어있는 마음 수행을 지키고 실천하기로 서약합니다. 경전에서 붓다는 이 수행을 묘사하기 위해서 종종 계율, 즉 '실라'^{shila}와, 훈련을 뜻하는 '식사'^{shiksha}를 사용했습니다. '식사'는 이 수행을 실천하는 방법에 대한 불교의 이해와 더 적합합니다. 그래서 나는 최근에 계율 대신 깨어있는 마음 수행이라는 말을 사용하기 시작했습니다.

깨어있는 마음 수행은 '금지'가 아니라 '실천'하는 것입니다. 그것은 우리의 자유를 보장하고 어려움과 혼란에 빠지지 않도록 보호합니다. 사람은 실패하면 다시 일어서서 최선을 다하기 위해 노력합니다. 사실 우리는 100% 성공할 수가 없습니다. 깨어있는 마음 수행은 북극성과 같습니다. 북쪽으로 여행할 때, 북극성을 이용하지만 거기에 도달할 수 있을 거라 기대하지 않습니다.

깨어있는 마음 수행은 세 가지로 이해되고 실천되어야 합니다. 첫째는 깨어있는 마음, 둘째는 집중, 셋째는 통찰입니다. 깨어있는 마음은 집중에 이르게 하고, 집중은 통찰을 낳습니다. 14가지 깨어있는 마음 수행은 일상에서 깨어있는 마음을 구체적으로 표현한 것입니다.

3. 상즉종의 정관

상즉종의 정관은 "종단의 목적을 현대의 삶 가운데 불교를 연구하고, 경험하고, 적용함으로써 불교를 현장화하는 것"으로 명시합니다. 지혜는 단지 직접적인 체험을 통해서만 얻을 수 있습니다. 수행의 결과는 만질 수 있고 확인 할 수 있어야 합니다.

정관은 종단의 근거를 4가지 원칙으로 명시합니다. 첫째는 견해에 집착하지 않기, 둘째는 명상을 통한 연기의 본질에 대한 직접적인 경험, 셋째는 어울림, 그리고 마지막은 방편입니다. 이 원칙들을 각각 살펴보면 다음과 같습니다.

1) 견해에 집착하지 않기: 집착은 교리와 편견, 습관, 진리로 간주하는 것에 갇히는 것을 뜻합니다. 수행의 첫 번째 목적은 모든 집착에서, 특히 견해에 대한 집착에서 자유 하는 것입니다. 이는 불교의 가장 중요한 가르침입니다.

2) 직접적인 경험: 불교는 사색적인 철학이 아니라 실재에 대한 직접적인 경험을 강조합니다. 깨달음은 지성적인 탐구가

아니라 직접적인 실천의 현실화로 얻어집니다. 우리의 삶
자체가 진리를 경험할 수 있는 도구입니다.

3) 어울림: 가르침은 지혜와 자비를 낳기 위해 사람들의 욕구
와 사회의 현실을 반영하지 않을 수 없습니다. 그러기 위
해 가르침은 두 가지 기준을 충족해야 합니다. 첫째는 불
교의 기본적인 신조에 부응해야 하고, 둘째는 진정한 도움
을 주고 적절한 것이어야 합니다. 불교에는 8만 4천 개의
법문이 있습니다. 하지만 불교가 지혜와 평화의 원천으로
남기 위해서는 더 많은 문이 열려야 합니다.

4) 방편: 방편은 이지적인 스승들이 만든 이미지와 방법으로
구성되어 있습니다. 그들은 붓다의 길을 보여주고 사람들
이 자신들만의 특별한 상황 가운데 법도를 실천할 수 있
도록 안내합니다. 이 방편들을 법문이라고 합니다.

4가지 원칙에 대한 종단의 정관은 견해에 집착하지 않는 정
신과 직접적인 경험의 정신이 현실을 인지하는 영역과 인간관계의
영역에서 개방적 사고와 자비를 낳는다고 말합니다. 어울림과
방편의 정신은 창조적이고 화해 할 수 있는 능력을 낳습니다.
창조와 화해의 능력은 모든 생명체를 돕는데 필수적입니다. 이
런 원칙을 지닌 상즉종은 모든 불교 종파에 개방적입니다. 상즉
종은 어떤 경전도 소의경전으로 삼지 않고 모든 경전에 나오는
불법의 핵심을 영감을 통해 끄집어냅니다. 상즉종은 여러 불교
종파에서 제안한 것처럼, 불교의 가르침을 조직적으로 체계화

하지 않습니다. 대신 승가의 역사, 모든 불교 전통들의 가르침의 정신, 그리고 초기 불교의 법의 정신을 실현합니다.

그 외에도, 정관은 자발적인 개방과 변화를 명시합니다. "상즉종은 보고 행동하는 데 있어 교조주의를 거부하고 삶에서 진정한 깨달음과 자비의 정신을 소생하고 유지할 수 있는 모든 행동양식을 추구합니다. 상즉종의 멤버들은 보살의 열정과 깨달음의 삶으로 자비와 지혜 가운데 사회를 변화시키기 위해 스스로 변화를 추구합니다."

4. 공동체

상즉종은 핵심공동체와 확장공동체로 구성됩니다. 핵심공동체는 종단의 14가지 깨어있는 마음 수행을 실천하기로 서약한 사람들입니다. 확장공동체는 종단의 정신에 따라 살되, 공식적으로 서약을 하지 않은 사람들입니다. 확장공동체 회원들은 모든 활동을 핵심공동체의 회원들과 친밀히 협력합니다. 이 활동에는 14가지 깨어있는 마음 수행의 합송도 포함됩니다. 핵심공동체의 회원이 되기 위해서는 이들과 수행하면서 1년간 견습 기간을 거쳐야 합니다. 핵심공동체 회원이 된 이후에는 적어도 1년에 60일은 깨어있는 마음 수행을 하기로 동의해야 합니다.

5. 상즉종의 깨어있는 마음 수행

깨어있는 마음 수행은 매일의 삶을 위한 지침입니다. 대부분의 종교 규칙은 살인하지 말라, 도둑질하지 말라 등과 같은 몸의 행동을 통제하는 금령으로 시작합니다. 그러나 상즉종의 14가지 깨어있는 마음 수행은 마음에서 시작합니다. 14가지 가운데 첫 번째 7개는 마음과 관련된 문제를 다룹니다. 불교에는 "마음은 모든 법의 왕이다. 마음은 모든 것을 그리는 화가이다."는 말이 있습니다. 14가지 깨어있는 마음 수행은 소승불교와 대승불교의 기본적인 가르침인 팔정도를 반영합니다. 팔정도는 필수적인 훈련입니다. 팔정도는 마음, 즉 바른 견해^{Right View}와 바른 생각^{Right Thought}으로 시작합니다. 14가지 규율은 다시 세 범주로 나눌 수 있습니다. 첫 번째 7개는 마음을 다루고, 다음 2개는 말, 그리고 나머지 5개는 몸을 다룹니다. 하지만 이런 구분은 임의적입니다. 마음은 깨달음의 등불과 같습니다. 깨어있는 마음 수행을 규칙적으로 합송하고 실천하는 사람들은 이를 볼 수 있습니다.

6. 깨어있는 마음 수행 합송

14가지 깨어있는 마음 수행은 적어도 2주에 한 번 합송합니다. 대체로 핵심공동체 회원 중 한 사람이 합송을 이끕니다. 하지만 확장공동체 회원 중 한 명도 합송을 이끌 수 있습니다. 참석자들은 두 줄로 앉아 서로를 바라봅니다. 제단에서 가장 가까운, 오른쪽 제일 앞자리에 앉은 사람이 "법회의 좌장"입니다. 여자든, 남자든 좌장은 법회를 주도하고 종을 울릴 책임이 있습니다. 좌장 반대편에 앉은 사람이 수행을 합송합니다. 합송은 너무 느리게도 혹은 너무 빠르게 해서도 안 됩니다. 왜냐하면 적당한 속도가 모든 참여자를 기쁘게 하기 때문입니다. 그리고 모든 참여자는 합송하는 사람을 볼 수 있어야 합니다.

 합송의 초반은 상가카르만1) 절차입니다. 거기서 수행자들은 세 가지 사항을 확인합니다. 첫째는 공동체에 화해가 있다, 둘째는 모두가 참여한다, 셋째는 오늘이 14가지 깨어있는 마음 수행을 합송하기에 적합한 날이다. 그리고 좌장은 향을 바치고, 큰 소리로 향을 드리는 글귀를 합송합니다. 나머지 사람들은 일어서서, 합장한 채로, 자신들의 호흡을 따릅니다. 향을 드린 후, 좌장은 석가모니보살, 문수보살, 보현보살, 관세음보살, 미륵보살, 그리고 모든 조상들의 교사들을 부릅니다. 각각의 이름을 부른 후, 모두 함께 절을 합니다. 그리고 모두 자리에 앉습니다. 모두 앉으면 종을 울리고, 경전의 머리말을 합송하기 시작합니다. 법회와 합송이 시작되는 순간부터 모든 사람들은 자신들의 호흡에 따라, 동작마다 깨어있는 마음을 수행합니다. 듣고, 합장

---

1) 상가카르만은 공동체에서 일어나는 모든 문제들을 결정하는 방식을 가리킨다. 상가카르만 절차는 상가 공동체가 영적 수행의 삶을 성공적으로 진행하고 조화로운 결정을 할 수 있도록 도와준다.

하고, 절하고, 앉고, 자세를 바르게 하는 등, 모든 순간에 맞는 문구가 있습니다.

합송이 진행되는 동안 모든 참가자들은 합송의 내용을 받고, 살펴 듣기 위해 깨어있는 마음 수행에 완전히 집중해야 합니다. 이런 식의 수행에 집중하면 마음으로부터 생기는 생각의 흩어짐을 막을 수 있습니다. 수행을 합송하는 사람은 그 정신과 교감할 수 있게 분명한 목소리로 읊어야 합니다. 참가자들의 성공적인 집중 여부는 합송하는 자매의 자질에 달려있습니다.

합송하는 자매는 "여러분, 준비됐습니까?"는 물음으로 시작하고, 모든 사람들은 조용한 목소리로 "네"라고 대답합니다. 모든 수행을 합송한 후, 합송자는 "이것은 상즉종의 첫 번째 깨어있는 마음 수행입니다. 여러분들은 지난 두 주간 수행을 공부하고 실천하고 지켰습니까?"라고 묻기 전에, 잠시 멈추고 세 번의 들숨과 날숨으로 호흡합니다. 이 멈춤으로 참여자들은 수행의 본질과 내용을 숙고할 수 있습니다. 그러면 여기 저기서, "네 혹은 아니요"라는 답이 나옵니다. 깨어있는 마음을 수행하고 수행을 따르는 모든 참가자는 "네"라고 말할 권리가 있습니다. "아니요"라고 말하는 것은 잘못 일 수 있습니다. 그러나 "네"라는 말도 꼭 좋은 것만은 아닙니다. 왜냐하면 지난 두 주간의 노력만으로 충분하지 않기 때문입니다. 그래서 대답은 "네, 하지만 더 잘 할 수 있었는데 그렇지 못했습니다."와 같아야 합니다. 우리는 세 번의 침묵 호흡 동안, 우리의 마음에 더 깊이 들어가고 우리에게 영향을 미칠 그 질문에 대해 시간을 가져야 합니다. 그 질문이 우리에게 들어오는 동안, 주의 깊은 호흡을 계속 이어 갈 수 있습니다. 좌장은 종을 울리기 전, 세 번의 호흡을 따라야 하고, 합송자는 공동체의 질문을 잘 알아야 합니다. 종이 울리면, 모든 공동체는 합장을 하고, 합송하는 사람은 다음 깨어있는 마음 수행으로 나아가야 합니다. 호흡하는 동안, 누군가가 법회의 내용이 담긴 문서를 가지고 있으면 종이 울릴 때까지, 그것을 만지지 말아야 합니다. 이런 식의 수행은 평화로운 분위기를 만들 수 있습니다.

2

14가지 깨어있는 마음 수행 해설

14가지 깨어있는 마음 수행 해설
14가지 깨어있는 마음 수행

1) 고통은 광신과 참지 못함에서 일어남을 알고 있습니다. 따라서 우리는 맹목적으로 숭배하지 않고, 어떤 교리나 이론, 이념, 심지어 붓다의 가르침에도 얽매이지 않겠습니다. 붓다의 가르침은 우리가 지혜와 자비를 더 깊이 보고 발전시키도록 도와주는 안내 수단입니다. 붓다의 가르침은 싸우고 죽이고, 죽게 하는 교리가 아닙니다.

2) 고통은 잘못된 생각의 집착이나 견해에서 발생하는 것임을 알고 있습니다. 따라서 우리는 속 좁은 생각이나 현재의 견해를 피하겠습니다. 우리는 다른 사람들의 깨달음이나 경험에 마음을 열기 위해 견해에 집착하지 않는 법을 배우겠습니다. 우리는 현재의 지식이 변치 않거나 절대적인 진리가 아님을 알고 있습니다. 진리는 삶에서 나타납니다. 우리는 매 순간 우리 안과 주위의 삶을 관찰하고 한 평생 배움에 힘쓰겠습니다.

3) 고통은 다른 사람들에게 우리의 생각을 강요할 때 생기는 것임을 알고 있습니다. 따라서 우리는 다른 사람들에게, 심지어 어린아이에게도 권위나 위협, 돈, 정치적 선전, 교리와 같은 것으로 우리의 생각을 억지로 받아들이도록 강요하지 않겠습니다. 우리는 타인이 무엇을 믿든, 어떻게 결정하든, 그들의 선택과 권리를 존중하겠습니다. 하지만 우리는 타인이 깊은 수행과 자비로운 대화를 통해 광신과 편협한 마음을 버릴 수 있도록 돕겠습니다.

4) 고통의 본질을 깊이 들여다보는 것은 자비를 키우고 고통에서 벗어나는 길을 찾는 데 도움이 된다는 것을 알고 있습니다. 따라서 우리는 고통을 겪기 전에 회피하지 않겠습니다.

5) 진정한 행복은 부富나 명예가 아닌, 평화와 연대, 자유와 연민에 있음을 알고 있습니다. 우리는 명예나 이익, 부, 육체적 쾌락을 삶의 목적으로 삼지 않을 뿐만 아니라 수백만 명이 굶주리고 죽어가는 동안 부를 축적하지 않겠습니다.

6) 화는 의사소통을 가로막고, 고통을 초래한다는 사실을 알고 있습니다. 따라서 우리는 화가 생길 때, 화의 에너지를 잘 보살피고 우리의 의식 깊숙한 곳에 자리 잡은 화의 씨를 깨닫고 바꾸겠습니다. 화가 생길 때, 우리는 어떤 행동과 말도 하지 않고 깨어있는 마음 호흡이나 깨어있는 마음 걷기를 하고,

화를 인정하고 안아주며 깊이 보겠습니다. 우리는 화의 원인 이라고 생각되는 우리 자신과 타인을 자비의 눈으로 바라볼 수 있습니다.

7) 지금, 여기서 행복한 삶이 이 순간만 유용하다는 사실을 알고 있습니다. 따라서 우리는 삶의 매 순간 깊이 살도록 수행에 전념하겠습니다. 우리는 삶이 흐트러지거나 과거에 대한 후회, 미래에 대한 걱정, 그리고 현재의 욕심이나 화, 질투에 빠지 지 않도록 노력하겠습니다. 우리는 이 순간 일어나고 있는 일을 깨닫기 위해 깨어있는 마음 호흡 수행을 하겠습니다. 우리는 우리 안과 주위에 있는 경이로움과 신선함, 치유의 요소를 어루만지고, 우리 안에 있는 기쁨, 평화, 사랑, 이해의 씨를 키움으로써 깨어있는 마음의 삶을 살도록 하겠습니다. 그리하여 우리의 의식에 변화와 고침이 있도록 하겠습니다.

8) 의사소통의 부족은 분리와 고통을 가져온다는 사실을 알고 있습니다. 따라서 우리는 어진 마음으로 듣고 사랑스러운 언 어로 말하겠습니다. 우리는 조화를 깨트리거나 공동체의 분 열을 일으키는 말을 삼가고, 판단하거나 반응하지 않고, 깊 이 듣겠습니다. 우리는 아무리 사소한 일이라도 혼신을 다해 마음을 열어 의사소통하고, 화해함으로써 모든 갈등을 해결 하도록 하겠습니다.

9) 말은 고통과 행복을 낳을 수 있다는 사실을 알고 있습니다. 따라서 우리는 희망과 확신을 불러일으키는 말과 진실하고 건설적인 말을 사용하도록 하겠습니다. 우리는 개인의 이익을 위해 거짓을 말하거나 남을 억압하지 않고, 분리나 증오를 초래하는 말을 하지 않겠습니다. 우리는 확실히 알지 못하는 소식을 퍼트리지 않고, 확신할 수 없는 일에 대해서 비난하지 않겠습니다. 우리는 안전이 위협당해도 정의롭지 못한 일에 대해 거리낌 없이 말하겠습니다.

10) 승가 공동체의 본질과 목적은 수행에 있다는 사실을 알고 있습니다. 따라서 우리는 공동체를 개인적인 목적을 위해 사용하거나, 정치적인 수단으로 변질시키지 않겠습니다. 그러나 승가 공동체는 압제와 불평등에 대해 분명한 입장을 가져야 하고, 당파적 갈등에 관여하지 않고 상황을 개선할 수 있도록 노력해야 합니다.

11) 사회와 환경에 폭력과 불평등이 일어났다는 사실을 알고 있습니다. 따라서 우리는 인간과 자연에 해를 끼치는 직업을 갖지 않겠습니다. 우리는 최선을 다해 지혜와 자비의 이상을 실현하는데 도움을 주는 직업을 선택하겠습니다. 우리는 전 지구적인 경제, 정치, 사회적 현실을 직시하고, 타인에게 삶의 기회를 빼앗는 회사를 지지하지 않고 소비자와 시민으로서 책임 있게 행동하겠습니다.

12) 큰 고통은 전쟁과 갈등을 불러일으킨다는 사실을 알고 있습니다. 따라서 우리는 일상에 비폭력, 지혜, 자비를 기르고, 평화 교육, 깨어있는 마음 명상, 가족, 공동체, 국가, 세계 안에서 화해를 증진하겠습니다. 우리는 살인하지 않고 타인이 살해되도록 방조하지도 않겠습니다. 우리는 생명을 보호하고 전쟁을 막기 위해 더 좋은 길을 찾고 승가 공동체와 더불어 성실하게 깊이 보는 수행을 하겠습니다.

13) 착취와 불평등, 약탈, 억압은 고통을 초래한다는 사실을 알고 있습니다. 따라서 우리는 친절을 키우고, 사람과 동물, 식물, 광물의 행복을 위해 일할 수 있는 길을 찾겠습니다. 우리는 우리의 시간과 에너지, 물질을 곤궁한 자와 나눔으로써 관용을 실천하겠습니다. 우리는 타인의 소유를 빼앗지 않고 그들의 재산을 존중하겠습니다. 그러나 사람들이 인간이나 다른 생명에게 고통을 가하여 이익을 얻지 못하도록 하겠습니다.

14) 〈재가 신도를 위해〉 욕정에 의한 성관계는 외로움을 떨쳐내지 못하고 더 큰 고통과 좌절, 고독을 낳는다는 사실을 알고 있습니다. 따라서 우리는 서로 간의 이해와 사랑, 오랜 헌신이 없는 성관계를 하지 않겠습니다. 우리는 성관계를 통해 앞으로 발생할 고통을 분명히 알고 있습니다. 우리는 우리 자신과 타인의 행복을 위해 자신과 타인의 권리와 헌

신을 존중해야 한다는 사실을 알고 있습니다. 우리는 혼신을 다해 아이들을 성학대에서 보호하고 부부나 가족의 간통을 막기 위해 최선을 다하겠습니다. 우리는 몸을 존중하고 보살의 이상을 실현하기 위해 우리의 생명 에너지인 성, 숨, 영을 지키겠습니다. 우리는 새로운 삶이 세상으로 전해져야 할 책임에 대해 분명히 알고 있습니다. 따라서 우리는 새로운 생명을 전해주는 세상과 명상하겠습니다.

〈출가자들을 위해〉 속세의 사랑의 관계에서 벗어날 때, 출가자들의 열망이 실현된다는 사실을 알고 있습니다. 따라서 우리는 금욕을 실천하고 타인이 스스로 지킬 수 있도록 돕겠습니다. 우리는 성관계를 통해 몸을 섞음으로써가 아니라 진정한 이해와 자비를 실천함으로써 외로움과 고통이 줄어든다는 것을 알고 있습니다. 우리는 성관계가 출가자로서의 삶을 파괴하고 생명을 섬기는 우리의 이상을 실현하는데 장애가 되며, 타인에게 해를 끼칠 것이라는 사실을 알고 있습니다. 우리의 몸을 억압하거나 학대하지 않고, 하나의 도구로 여기지도 않으며, 존중하겠습니다. 우리는 보살의 이상을 구현하기 위해 우리의 생명 에너지인 성, 숨, 영을 지키겠습니다.

1. 첫 번째 깨어있는 마음 수행 - 열어놓음

우리는 광신과 편협한 마음에서 발생하는 고통을 알고 있습니다. 우리는 어떠한 교리나 이론, 이데올로기, 심지어 붓다의 교설이라 할지라도 그것을 우상화하거나 거기에 속박되지 않겠습니다. 붓다의 가르침은 지혜와 자비를 깊이 보고, 전진하도록 도움을 주는 방편입니다. 붓다의 가르침은 싸우거나 죽이기 위한 교리가 아닙니다.

* 해 설 *

붓다의 교설인 경전을 읽을 때, 우리는 "사자의 포효"라는 글귀를 자주 듣습니다. 이는 붓다 자신이나 그의 제자 가운데 한 사람이 크고 분명하게 선포한 진리라는 뜻입니다. 상즉종의 첫 번째 깨어있는 마음 수행에서 그 전통은 매우 중요합니다. 그것은 우리를 부르는 붓다의 자비로운 음성입니다.

붓다는 자신의 가르침을 경배하거나 고수해야 할 절대적 진리가 아니라 강을 건너는 뗏목으로 간주합니다. 이렇게 말한 이유는 엄격한 교조주의나 광신이 뿌리내릴 수 없게 하기 위함입니다. 세상의 갈등과 폭력은 대부분 완강한 이데올로기 때문입니다. 《칼라마경》kalama sutra, 《아리타경》arittha sutra, 《금강경》金剛經 등 많은 경전들은 이 주제들을 중요하게 다룹니다. 붓다의 가르침에 의하면 지식은 진정한 지혜에 장애가 되고, 견해는 깨달음에 걸림돌이 됩니다. 견해에 집착하면 깊고 심오한 깨달음에 도달할 수 없습니다. 불교는 진정한 깨달음의 길로 나아가고 싶다면 지식 그 자체도 넘어서라고 말합니다. 견해^{drishti}는 "지식의 장애물"입니다.

상즉종의 첫 번째 깨어있는 마음 수행은 완전한 개방과 절대적 관용으로 이끕니다. 열어놓음과 관용은 일상에서 사람들과 관계하는 방법뿐만 아니라 참다운 깨달음의 길로 이르게 하는 관문입니다. 불교는 지혜의 경계를 계속 확장하지 않으면, 견해에 감금되어 깨달음을 얻을 수 없다고 말합니다.

《백유경》^{Sutra of A Hundred Parables}에서 붓다는 젊은 상인과 그의 아들에 관한 이야기를 전합니다. 미망인이었던 상인은 아들을 끔찍이 사랑하였으나, 지혜가 부족하여 아들을 잃고 말았습니다. 어느 날, 상인이 집을 떠나 있는 동안 아들이 악당들에게 유괴되었습니다. 악당들은 달아나는 동안 마을을 파괴했습니다. 집으로 돌아온 상인은 마을 근처에서 한 아이의 불타버린 유해를 보고 고통과 혼란에 빠져 그것을 아들의 것이라고 착각했습니다. 그는 쉴 새 없이 울었고, 결국 유해를 화장했습니다. 그리고 하루 종일 유골함 포대를 목에 메고 다녔습니다. 몇 달 후, 상인의 아들이 탈출하여 집으로 돌아왔습니다. 한밤중에 아들은 아버지가 다시 지은 집으로 돌아가 노크를 했습니다. 그러나 아버지는 동네 아이들의 장난일 거라는 생각에 문을 열지 않았습니다. 아들은 계속해서 노크를 했습니다. 하지만 아버지는 아들이 죽었다는 생각에만 사로잡혀 있었습니다. 결국 아들은 집을 떠났고, 아들을 너무 사랑한 아버지는 영원히 아들을 잃어버렸습니다. 붓다는 만일 우리가 견해에 집착하면, 진리가 노크해도 들여보내지 않을 것이라고 말합니다. 하나의 견해를 편협하게 받아들여 그것을 고정된 진리로 간주하면 질문하고 깨달음에 이르는 중요한 과정을 놓칩니다. 붓다의 가르침은 사람들을 도와주는 방편이지, 경배하거나 투쟁해야 할 대상이 아닙니다.

광적으로 이데올로기나 교리에 집착하는 것은 배움에 방해가 될 뿐만 아니라 유혈 투쟁을 낳습니다. 불교의 가장 큰 적은 광신과 편협함입니다. 종교와 이데올로기 전쟁은 수 천 년 간 인간의 역사를 망쳤습니다. 불교는 성전聖戰이 없습니다. 왜냐하면 살인은 불교 자체의 가치를 파괴하기 때문입니다. 베트남 전쟁 동안 생명과 도덕적 가치의 파괴는 상당 부분 광신과 편협함 때문이었습니다. 상즉종은 포화 가운데 생긴 연꽃처럼 가장 큰 고통 중에 탄생했습니다. 이런 맥락에서 상즉종의 첫 번째 깨어있는 마음 수행은 증오와 폭력의 대해大海 가운데 있는 붓다의 자비로운 음성입니다.

첫 번째 깨어있는 마음 수행은 모든 생명을 죽이는 게 아니라 막으려는 수행입니다. 불교에서 행동은 몸, 말, 마음이라는 세 가지 영역에서 비롯됩니다. 대체로 살인은 몸의 영역에서만 일어난다고 생각합니다. 그러나 광적인 마음은 한 사람뿐만 아니라 수백만의 사람들을 죽일 수 있습니다. 깨어있는 마음 수행을 잘하면 모든 무기는 쓸모없어집니다.

수많은 병을 치료하기 위해 여러 종류의 의술이 필요하듯, 불교는 다양한 환경의 사람들을 위해 여러 가지 법문을 제시합니다. 불교에 나타난 가르침과 수행은 제각기 다르지만 모든 목적은 마음의 해방입니다. 붓다는 "내가 대양의 물은 단 한 가지 맛, 해방의 맛을 가지고 있다."고 말합니다. 불자들은 다양한 가르침을 동일한 관점으로 볼 필요가 있습니다. 열어놓음과 견해에 대한 무집착은 화해와 평화를 위한 지침 원리가 되어야 합니다. 그것은 또한 궁극적 실재와 절대 자유의 세계로 인도하는 문입니다.

2. 두 번째 깨어있는 마음 수행 - 견해에 집착하지 않기

우리는 견해와 잘못된 인식의 집착에서 고통이 생긴다는 것을 알고 있습니다. 우리는 좁은 소견이나 현재의 견해에 묶이지 않겠습니다. 우리는 타인의 통찰과 경험에 마음의 문을 열기 위해 견해에 집착하지 않는 수행을 하겠습니다. 우리는 현재의 지식이 무상하거나 절대적인 진리가 아님을 알고 있습니다. 진리는 삶 가운데 드러납니다. 우리는 일평생 배울 준비가 되어 있고, 매 순간 우리 안과 주위의 삶을 관찰하겠습니다.

* 해 설 *

두 번째 깨어있는 마음 수행은 첫 번째에서 나온 것으로, 이전처럼 마음을 다룹니다. 이 수행은 자신의 견해에 사로잡히지 않을 것을 권고합니다. 지식은 생각과 판단에 필요하고 일상의 여러 분야에서 유용하게 쓰입니다. 그러나 지식은 최상의 진리가 아닙니다. 일몰을 관조할 때, 우리는 태양이 지평선 너머에 있다고 생각합니다. 그러나 과학자들은 태양이 이미 8분 전에 졌다고 말합니다. 우리도 곧 이를 알 수 있습니다. 우리는 단지 현재의 태양이 아니라 과거의 태양을 보았을 뿐입니다. 우리는 이러한 우리의 인식이 틀렸다는 것을 알게 됩니다. 과거의 지식에 매달려 있으면 지혜가 성장할 수 없습니다.

불교는 상호존재의 본질과 연기 가운데 사물을 관찰하도록 가르칩니다. 이럴 때, 우리는 각 사물이 개아성individual identity을 가진 것처럼 보이는 세상으로부터 자유 할 수 있습니다. 상호존재, 즉 연기 가운데 사물을 바라보는 마음을 비차별적 지혜의 마음이라고 합니다. 비차별적 마음은 모든 견해를 뛰어넘습니다. 선불교에서 이러한 통찰을 묘사하기 위해 "말의 길은 봉쇄되었고, 마음의 길은 차단되었다."고 표현합니다.

진리는 개념적인 지식이 아니라 삶 속에서 드러납니다. 어떻게 가능할까요? 우리 자신과 실재의 관찰을 통해서입니다. 이것이 불교의 대답입니다. 끊임없는 삶의 관찰은 《사념처경》Satipatthana Sutta의 방법에 따른 수행입니다. 사념처경은 우리의 몸과 느낌, 마음, 그리고 마음의 대상인 세상에서 일어나고 있는 일을 깨닫는 법에 관한 가르침입니다. 깨어있는 마음 수행은 우리에게 집중定과 통찰慧이 진전되도록 도와줍니다. 따라서 우리는 있는 그대로의 현실을 바라볼 수 있습니다.

3. 세 번째 깨어있는 마음 수행 - 생각의 자유

우리는 타인에게 우리의 생각을 강요할 때 고통이 일어난다는 것을 알고 있습니다. 우리는 타인에게 심지어 아이들에게도, 권위, 위협, 돈, 선전, 세뇌와 같은 방식으로 우리의 생각을 강요하지 않겠습니다. 우리는 믿는 것과 결정하는 방식이 우리와 다른 타인의 권리를 존중하겠습니다. 하지만 우리는 타인이 깊은 수행과 자비로운 대화를 통해 광신과 협소한 마음을 버릴 수 있도록 돕겠습니다.

* 해 설 *

세 번째 수행은 생각의 자유와 마음의 문제를 다룹니다. 많은 부모들은 이를 알지 못하고 깨어있는 마음 수행을 따르지 않습니다. 타인의 생각을 존중하는 것이 불교의 특징입니다. 《깔라마경》^{kalama sutta}은 자유로운 탐구를 위한 가장 초기의 문헌 가운데 하나입니다. 《깔라마경》에서 붓다는 누구를 믿고, 무엇을 믿을지, 어떤 교리가 최고인지에 관해 논합니다. 붓다는 "의심은 좋은 것이다. 사람들이 존경한다고, 혹은 전통에서 비롯되었거나, 경전에 있다고 해서 그것을 믿지 말라. 그것이 너의 판단과 반하는 것은 아닌지, 해를 끼치는 것은 아닌지, 지혜로운 사람들이 비난한 것은 아닌지, 그리고 무엇보다 그 수행이 파괴나 고통을 초래하지 않는지 생각하라. 너의 판단에 아름다운 것은 그 어떤 것이라도 너의 판단과 일치하는 것이고 지혜자들이 인정한 것이다. 그리고 일단 수행하여 기쁨과 행복을 주는 것은 무엇이든 수용하고 실천에 옮길 수 있다."고 말합니다.

그림자가 물체를 따르듯, 세 번째 수행은 두 번째 수행을 따릅니다. 개방적인 마음과 견해에 집착하지 않는 태도는 타인의 자유에 대한 존경심을 일으킵니다. 자유는 인간-일부가 아닌 모든 인간-의 가장 기본적인 권리 가운데 하나입니다. 우리는 타인의 자유를 존중하기 위해 우리 스스로 집착과 광신으로부터 자유하고 타인도 그렇게 되도록 도와야 합니다. 어떻게 타인을 도울 수 있을까요? 세 번째 수행에 의하면 자비로운 대화를 통해서입니다. 자비로운 대화는 비폭력^{ahimsa}의 본질입니다. 아힘사는 인내와 자애심의 에너지에서 비롯됩니다. 인내와 자애심의 에너지는 사람들에게 감동과 부드러움, 자비로움, 지적인 말을 통해 나타납니다. 이때 비폭력은 사람들을 변화시킬 수 있는 도덕

적이며 사회적인 압력을 유발하는 행동의 영역으로 옮겨갑니다. 지혜
와 자비는 모든 비폭력인 행동의 근거임에 틀림없습니다. 분노와 증오
로 촉발된 행동은 비폭력으로 묘사될 수 없습니다.

부모는 자녀들이 아무리 어려도 생각의 자유를 존중해야 합니다. 우
리는 자녀에게서 배울 수 있습니다. 모든 사람은 자신의 특징, 능력,
좋아하는 것이 제각각입니다. 우리는 마음을 열어 아이들을 이해하고
우리의 편견을 그들에게 강요하지 않아야 합니다. 꽃은 나무에 속하지
만 뿌리와 잎, 가지는 모두 다릅니다. 꽃은 꽃으로, 잎은 잎으로, 가지
는 가지로 인정받아야 합니다. 그러면 각자가 발전하기 위해 자신의
최고의 능력을 발휘할 수 있습니다.

4. 네 번째 깨어있는 마음 수행 - 고통의 자각

우리는 고통의 본질을 깊이 보는 것이 자비를 키우고 고통에서
벗어나는 방법을 찾는데 도움이 된다는 사실을 알고 있습니다.
우리는 고통을 회피하지 않겠습니다. 우리는 여러 방법-개인적
접촉이나 이미지, 소리 등-을 모색하여 고통 받는 사람과 함께
하겠습니다. 그러면 우리는 그들의 상황을 더 깊이 이해하고 그
들의 고통이 자비와 평화, 기쁨이 되도록 도울 수 있습니다.

* 해 설 *

붓다의 첫 법문은 사성제에 관한 것입니다. 첫 번째 진리는 '두

카'^{dukha}로, "고통이 있음"을 뜻합니다. 고통이 있다는 것은 모든 불교 수행의 출발점입니다. 아프다는 사실을 모르면, 치료법도 알지 못하고, 그러면 병을 고칠 수 없습니다. 두 번째 진리는 고통의 원인, 세 번째 진리는 고통의 제거 가능성, 네 번째 진리는 고통을 다루는 방법입니다. 사성제는 자유를 주는 진리입니다. 그러나 첫 번째 진리인 고통이 있다는 사실을 받아들이지 않으면 다른 세 가지 진리들을 추구할 수 없습니다.

고통에 내재된 치료의 힘은 깨달음을 돕습니다. 고통에 대한 자각은 고통의 원인을 찾도록 격려하고, 사회와 우리 안에 지금 일어나고 있는 일이 무엇인지를 알려줍니다. 그러나 주의해야 합니다. 지나친 고통은 사랑할 수 있는 능력까지 파괴하기 때문입니다. 우리는 우리 자신의 한계를 알고, 삶에서 일어나는 끔찍한 일, 아름다운 일들과 접촉해야 합니다. 만일 첫 번째 진리가 삶 가운데 있는 고통의 현실을 설명하는 것이면, 세 번째 진리는 우리에게 삶의 기쁨, 평화와 접촉하도록 독려합니다. 사람들이 불교가 비관적이라고 하는 이유는 그들이 첫 번째 진리만 강조하고, 세 번째 진리는 간과하기 때문입니다. 대승불교는 세 번째 진리를 아주 많이 강조합니다. 대승불교의 문헌은 초록 버드나무, 보라색 대나무, 보름달을 정법^{正法}의 현현으로 언급합니다.

다른 존재와 우리 자신은 서로 밀접히 연결되어 있습니다. 우리는 타인의 고통을 줄이려 할 때, 평화와 행복을 느낍니다. 수행은 우리 자신을 위한 것만이 아니라 타인과 전체 사회를 위한 것입니다. 큰 수레를 뜻하는 대승^{大乘, 마하야나}는 우리 자신과 타인을 돕고, 우리 자신과 타인을 해방시킵니다. 기근과 전쟁, 억압과 불평등 같은 세상의 문제는 외면하고 수행에만 전념하라는 스승은 대승의 뜻을 충분히 이해하지 못한 사람입니다. 물론 호흡, 명상, 경전 공부를 소홀히 해서는 안

됩니다. 하지만 그것을 하는 목적이 무엇일까요? 우리와 세상 안에서 벌어지고 있는 일들을 깨닫기 위해서입니다. 세상에서 일어나는 일은 우리 안에서 일어나는 일입니다. 마찬가지로 우리 안에서 일어나는 일은 세상에서 일어나는 일입니다. 이를 분명히 알면 우리는 입장을 취하거나 행동하는데 주저하지 않습니다. 마을이 폭격을 당해 아이와 어른들이 부상과 죽음으로 고통당하고 있을 때, 불자인 우리가 폭력이 없는 절에 가만히 앉아만 있을 수 있을까요? 지혜와 자비의 사람이라면 남을 도우면서 수행하는 법을 찾을 수 있습니다. 사람들은 불교 수행이 자신의 본질을 들여다보고 붓다가 되는 것이라고 합니다. 그러나 우리 주위에서 일어나는 일을 보지 못하면 어떻게 우리의 본질을 볼 수 있을까요? 자신의 본질과 고통의 본질, 불평등과 전쟁은 서로 연결되어 있습니다. 세상에 있는 무기의 본질을 진정으로 보는 것이 우리 자신의 본질을 보는 것입니다.

우리는 고통의 현실과 계속 접촉함으로써 제정신을 차리고 우리 안에 있는 지혜와 자비의 샘을 키울 수 있습니다. 뿐만 아니라 우리 안에 보살의 길 -살아있는 것은 무수히 많다. 나는 이들이 노를 저어 피안에 이를 수 있도록 돕기로 맹세 한다- 을 실천할 수 있는 의지도 견고해집니다. 고통의 현실에서 우리 자신을 잘라내면 이 맹세는 무의미해집니다. 아이들에게 사람들과 다른 생명의 고통을 보고 이해하도록 도와주면, 우리는 그들 속에 있는 자비와 지혜를 키워주는 것입니다. 모든 행동 -샌드위치를 먹거나 돈을 쓰는 일 까지도- 은 깨달음을 수행하는 기회입니다. 우리는 명상센터에서만 아니라 삶의 매 순간 수행을 해야 합니다.

5. 다섯 번째 깨어있는 마음 수행 - 단순하고 건강한 생활

우리는 참 행복이 부와 명예가 아닌 평화와 연대, 자유와 자
비심에 뿌리를 두고 있음을 알고 있습니다. 우리는 인생의 목표
를 명예와 이익, 부와 감각적 쾌락, 그리고 수백만의 사람들이
굶어 죽는 동안 재산을 축적하는 일에 두지 않겠습니다. 우리는
단순하게 살고, 우리의 시간과 에너지, 물질을 궁핍한 사람들과
나누겠습니다. 우리는 몸과 의식에 독성을 일으키는 알코올, 마
약 등과 같은 물질을 사용하지 않고 깨어있는 마음 소비를 수행
하겠습니다.

* 해 설 *

나무의 몸통에서 가지가 나오듯, 다섯 번째 깨어있는 마음 수행은
네 번째 깨어있는 마음 수행에서 나옵니다. 불교적 삶의 목적은 지혜
prajna를 깨닫고, 사람들을 돕는 것maitrya이지, 명예나 권력, 부를 추구하
는 것이 아닙니다. 부와 명예를 구하면서 어떻게 불교적 이상을 구현
할 시간을 갖겠습니까? 단순하게 살지 않으면 청구서의 돈을 갚기 위
해 늘 일할 수밖에 없습니다. 그러면 수행할 시간이 전혀 없습니다.
《불설팔대인각경》The Sutra on the Eight Realizations of the Great Beings2)은 "인
간의 마음은 항상 소유를 추구하나 결코 채워지지 않는다. 이 때문에

---

2) 1987년 틱낫한이 발행한 저서이다. 여기서는 단순한 생활, 관용, 자비에
   대한 불교의 가르침을 일목요연하게 전하고 있다.

순수하지 못한 행동이 날로 늘어난다. 하지만 보살은 소유하지 않는 원칙을 명심한다. 그들은 법도를 수행하기 위해 평화 가운데 단순한 삶을 살고 완전한 지혜의 실현을 자신들의 유일한 일로 생각한다." 고 말합니다.

현대사회에서 단순하게 살기는 두 가지를 뜻합니다. 하나는 가능한 한 사회·경제적 압박의 파괴적인 힘으로부터 자유하기, 다른 하나는 스트레스, 우울증, 고혈압, 심장병과 같은 현대인의 질병에서 벗어나기입니다. 우리는 현대인들의 압박과 불안한 삶에 반대할 수 있어야 합니다. 유일한 탈출구는 거의 소비하지 않거나, 적은 소유에 만족하는 것입니다. 이 문제를 단순하고 행복하게 살기 위해 더 좋은 방법을 찾으려는 사람들과 논의해야 합니다. 단순하고 행복하게 살 수 있으면, 타인을 더 잘 도울 수 있습니다. 우리는 타인과 공유할 시간과 에너지가 있습니다. 부유하면 공유가 어렵습니다. 단순한 삶의 피안 수행을 하는 보살은 자신의 시간과 에너지를 타인에게 줄 수 있습니다.

6. 여섯 번째 깨어있는 마음 수행 – 화 다루기

우리는 화가 의사소통을 가로막고 고통을 초래한다는 사실을 알고 있습니다. 우리는 화가 생길 때 화의 에너지를 돌보고 우리의 의식 깊은 곳에 있는 화의 씨앗을 인식하고 바꾸겠습니다. 화가 생길 때, 우리는 어떤 말도 하지 않고 깨어있는 마음 호흡과 깨어있는 마음 걷기를 수행하고 우리의 분노를 인정하고 감싸 안으며 깊이 보겠습니다. 우리는 화의 원인이라고 생각되는 우리 자신과 타인을 자비의 눈으로 바라보겠습니다.

* 해 설 *

분노와 증오가 생기면 이해가 피어오를 수 있는 땅을 준비해야 합니다. 생각과 말, 행동을 멈추면 보고 이해할 수 있는 공간이 열립니다. 분노가 생기는 것을 느끼자마자 모든 마음을 숨으로 밀어 넣고 의식적으로 숨을 들이쉬고 내실 필요가 있습니다. 우리는 깨어있는 마음 에너지를 통해 우리를 화나게 했던 그 사람이 과거에 우리를 도와주었고, 그 사람이 얼마나 고통 받았는지, 혹은 우리 자신이 얼마나 분별력 없이 행동했는지를 알 수 있습니다. 이런 깨달음은 잠시일 수도, 아니면 며칠이 걸릴 수도 있습니다. 어느 정도 이해할 때까지는 우리를 화나게 한 사람에게 아무 말도 하지 않는 것이 최선입니다. 이를 위해서는 걷기 명상이나 의식적인 숨쉬기 명상이면 충분합니다.

우리는 레몬 나무를 재배할 때, 생기도 있고 아름다웠으면 합니다. 그러나 생기가 없고 볼품없다고 해서 나무를 비난하지 않습니다. 우리는 나무가 왜 잘 자라지 않는지를 이해하기 위해 나무를 관찰합니다. 아마도 나무를 잘 돌보지 않았을 것입니다. 나무를 비난하는 것은 우스운 일입니다. 그러나 우리는 성숙하지 않은 사람들을 비난합니다. 우리의 형제, 자매, 아이들은 일정한 방식에 따라 행동해야 한다고 생각합니다. 그러나 인간도 레몬 나무와 다르지 않습니다. 잘 돌보면 잘 자라게 됩니다. 비난은 아무런 도움도 되지 않습니다. 사랑과 이해만이 사람을 변화시키는데 도움을 줄 수 있습니다. 사람들을 잘 돌보면, 그들은 온화하게 보답할 것입니다.

만일 내가 해적과 같은 사회적 환경에서 태어나 자랐다면 지금쯤 해적이 되었을 것입니다. 수많은 상호 연관된 원인이 해적을 만듭니다. 그 책임은 해적과 그의 가족뿐만 아니라 사회에도 있습니다. 글을 쓰는 이 순간도 수많은 아기들이 시암만* 근처에서 태어납니다. 이를 방지하기 위해 정치가, 교육가, 경제학자들이 무언가를 하지 않으면 이 아이들은 25년 후에 해적이 될 것입니다. 우리 모두는 해적이 존재하는 현실에 일말의 책임이 있습니다. 연기에 대한 명상과 자비의 눈으로 고통 받는 자들에 대한 의무와 책임을 목도할 수 있습니다. 관세음보살은 보는 능력 덕분에 사랑하고 행동할 수 있습니다. 명상의 목적은 보고 듣는 것입니다. "우리의 의식 깊은 곳에 화의 씨앗이 있다."는 말은 분노 혹은 증오가 나타나지 않았다는 뜻입니다. 깨어있는 마음 수행은 우리에게 예방약을 사용하도록 권고합니다. 우리는 무의식적인 분노나 증오를 바꿀 수 없거나, 분노와 증오를 바꾸려고 할 때 이미 분노가 생긴 상태라고 생각할 수 있습니다. 그러나 분노와 증오는 일어나기 전에 바꿀 수 있습니다. 불쾌한 감정에 의식의 빛을 비추고 그 뿌리를 확인함으로써 입니다. 피하고 싶은 불쾌한 감정들을 직접 보고, 그것을 봄으로써 불쾌한 감정들을 바꿀 수 있습니다. 그렇게 되면 불쾌한 감정들이 화의 형태로 무의식 가운데 올라와도, 우리를 급습하지 않습니다. 혹은 우리는 일상 가운데 사랑과 자비, 이해의 씨앗을 심을 수 있습니다. 그러면 그 씨앗들이 화의 씨앗을 약화시킬 것입니다. 화가 생겨 이렇게 되도록 기다릴 필요가 없습니다. 왜냐하면 일단 화가 생기면 이런 방식으로 화를 막기가 매우 어렵기 때문입니다.

한두 주간은 기쁨과 평화를 누릴 수 있습니다. 하지만 그동안 화의 씨앗이 저장식에서 없어지는 것이 아닙니다. 예를 들어, 누군가가 상처 주는 말을 하면 즉시 반응하지 않고, 몇 주 후에 아주 사소한 이유로 그 사람에게 화를 낼 수 있습니다.

2부 - 14가지 깨어있는 마음 수행 해설 41

나는 거실 벽을 똥으로 더럽힌 한 여자아이에 관한 이야기를 들었습니다. 아이의 엄마는 똥을 치우고 전혀 화나지 않은 듯 보이려 했습니다. 그러나 며칠 후 아이가 식탁에 오렌지 주스를 쏟았을 때 엄마는 아주 크게 화를 냈습니다. 아이가 똥으로 벽을 더럽혔을 때 엄마에게 화의 씨앗이 심어져 억제되어 있었던 것입니다. 깨어있는 마음 수행을 하면 폭발 직전의 폭탄이 되기 전에 화를 다룰 수 있습니다.

우리는 화가 씨의 형태로 있을 때 바꿀 수 없으면, 화가 생기기 시작할 때, 호흡을 따름으로써 바꿀 수 있습니다. 만일 화를 즉시 바꿀 수 없으면 그 상황에서 벗어나 걷기 명상을 하는 것이 최선의 방법입니다. 자두마을에서는 평화조약$^{Peace\ Treaty}$을 실천합니다. 평화조약은 화가 났을 때 무엇을 할 것인지에 대해 가족과 공동체와 협의하는 것입니다.

《법화경》$^{Lotus\ Sutra}$은 "자비의 눈으로 모든 생명을 바라보라."고 전합니다. 자비의 눈은 이해의 눈입니다. 자비는 이해의 샘에서 솟아난 달콤한 물입니다. 깊이 보는 것은 분노와 증오를 위한 기본적인 처방입니다.

7. 일곱 번째 깨어있는 마음 수행 – 이 순간에 행복하기

우리는 삶이란 이 순간만 의미가 있고, 지금 여기에서 행복하게 살 수 있다는 사실을 알고 있습니다. 우리는 삶의 매 순간 깊이 살도록 수행에 전념하겠습니다. 우리는 우리 자신을 산만하게 하거나 과거에 대한 후회, 미래에 대한 걱정, 현재의 욕심, 분노, 시기 등에 이끌려 살지 않겠습니다. 우리는 이 순간에 일어나고 있는 일에 깨어있기 위해 깨어있는 마음 호흡을 수행하겠습니다. 우리는 우리의 안과 주위에 있는 경이롭고 신선한 치유의 요소들과 접촉하고 우리 안에 있는 기쁨과 평화, 사랑과 이해의 씨앗을 키우겠습니다. 그리하여 우리 의식에 내재된 변화와 치유의 요소를 촉진하겠습니다.

* 해 설 *

우리는 우리 자신을 산만하게 하거나 과거에 대한 후회, 미래에 대한 걱정, 현재의 욕심, 분노, 시기 등에 이끌려 살지 않도록 해야 합니다. 붓다는 현재 일어나고 있는 일에 돌아올 수 있도록 깨어있는 마음 수행을 주셨습니다. 깨어있는 마음으로 우리는 우리의 안과 주위에서 경이롭고 신선한 치유의 요소들과 접촉하고 우리 안에 있는 기쁨, 평화, 사랑, 이해의 씨앗을 키울 수 있습니다.

깨어있는 마음 수행은 복숭아의 알맹이처럼, 상즉종의 삶에서 핵심입니다. 깨어있는 마음 수행은 명상센터에 있든, 사무실에서 일을 하든, 가족과 있든, 대학에서 공부를 하든, 우리에게 매우 중요한 것입니다. 깨어있는 마음念은 두 가지 단어로 구성되어 있습니다. 마음心과 지금 이 순간今입니다. 깨어있는 마음은 이 순간에 완전히 존재한다는 뜻입니다. 깨어있는 마음은 우리 몸의 일부는 설거지를 하며, 다른 일부는 설거지가 언제 끝날까 생각하는 것이 아닙니다. 깨어있는 마음은 하루 종일 수행하는 것입니다. 걷기, 앉기, 서기, 눕기, 일하기, 휴식하기 등, 모두가 수행입니다. 의식적인 호흡은 우리를 이 순간으로 돌아가 여기에 머물게 하는 매체입니다. 《완전한 호흡인식 경》Sutra on the full aware of breathing 과 《깨어있는 마음의 네 요소에 관한 경》The Sutra on the

Four Establishments of Mindfulness은 우리의 몸과 느낌, 마음, 그리고 마음의 대상에 대해 깨어있는 마음이 되게 하는 방법을 가르쳐 줍니다.

깨어있는 마음은 집중定과 지혜慧에 이르게 합니다. 우리는 기쁨과 행복감으로 집중과 지혜를 발전시킬 수 있습니다. 왜냐하면 삶의 본질을 깊이 보면, 세상과 거기서 살아가는 생명들-동물, 식물, 광물-이 얼마나 경이로운지 알 수 있기 때문입니다. 우리는 깨어있는 마음 없이 아름다운 꽃, 영화로운 달moon, 우리의 아이들, 배우자, 친구들과 접촉할 수 없습니다. 이 모든 것은 너무나 소중한 상호존재의 일부입니다. 깨어있는 마음은 삶을 실재적이고 가치 있게, 그리고 깊이 있게 만듭니다. 깨어있는 마음은 우리를 지금 여기에 있도록 도와주고 진정한 삶을 만나게 해줍니다. 깨어있는 마음은 우리 안과 주위에 있는 신선한 치유의 요소와 접촉하게 합니다. 깨어있는 마음 수행을 통해 우리는 우리 안에 내재된 기쁨과 평화, 지혜의 씨앗을 심을 수 있고 물도 줄 수 있습니다. 이 씨앗은 우리 안에 있는 아픔과 고통을 변화시키는 힘을 지닙니다. 우리는 이 고통을 직접 만짐으로써 고통을 치유하는 것이 아닙니다. 오히려 이 고통은 깨어있는 마음 수행으로 일상에서 심고 물을 주는 긍정적인 씨앗이 있기 때문에 변화가 가능합니다.

팔리어 경전은 "디타 담마 수카 비하리ditthadhamma sukha vihari"라는 용어를 자주 사용합니다. 이 말은 여기의 삶, 지금 이 순간에 행복하게 산다는 뜻입니다. 수행으로 행복하고 기쁘게 살지 않으면 연약해질 수 있습니다. 기쁨과 행복은 수행에 영양을 공급하고 수행을 강하게 합니다. 수행이 삶을 바꾸지 못하고 큰 기쁨을 주지 못하면, 바르게 수행하는 것이 아닙니다. 우주의 신비는 연기에 대한 명상에서 드러납니다. 우리는 하나가 존재하기 위해 다른 모든 것이 존재한다는, 즉 "이것이 있기 때문에 저것이 있다."는 것을 알고 있습니다.

다섯 번째 깨어있는 마음 수행은 욕심, 여섯 번째는 분노, 일곱 번째는 망각과 이해의 부족을 다룹니다. 상즉종의 14가지 깨어있는 마음 수행은 진주목걸이 마냥 차례로 이어 나오면서 서로 지지합니다.

8. 여덟 번째 깨어있는 마음 수행 - 공동체와 소통

우리는 의사소통의 부족이 분리와 고통을 초래한다는 사실을 알고 있습니다. 우리는 자비롭게 듣고 다정하게 말하는 수행에 전념하겠습니다. 우리는 판단하거나 반응하지 않고 조화를 깨뜨리거나 공동체를 파괴하는 말을 삼가고 깊이 듣겠습니다. 우리는 혼신을 다해 의사소통을 잘 유지하고 아무리 작은 갈등이라도 조정하고 화해할 수 있도록 하겠습니다.

* 해 설 *

여덟 번째와 아홉 번째 깨어있는 마음 수행은 말speech에 관한 것입니다. 여덟 번째의 본질은 조화입니다. 공동체의 삶은 조화를 통해 가능합니다. 석가세존은 공동체 삶의 6가지 원칙Six Concords를 규정했습니다. 첫째는 한 장소에 함께 살기, 둘째는 물질 공유, 셋째는 동일한 깨어있는 마음 수행 준수, 넷째는 공동의 법 수행과 이해, 다섯째는 다른 관점과 조화, 여섯째는 친절한 말로 분쟁 피하기 등입니다. 6가지 원칙은 석가세존 이후 불교 공동체에서 실천되었고 지금도 의미가 있습니다. 비록 여덟 번째 깨어있는 마음 수행은 말에 관한 것이지만 6

가지 원칙과 직접적인 관련이 있습니다. 첫 다섯 원칙을 실천하면 사랑스러운 말을 쉽게 사용할 수 있고, 서로의 생각과 관심을 충분히 교환하면 다툼은 일어나지 않습니다.

다정한 말은 이해와 인내심에서 비롯됩니다. 우리는 여섯 번째 깨어있는 마음 수행을 통해 비난이 아무 도움이 안 된다는 사실을 알 수 있습니다. 오직 이해와 사랑으로 변화될 수 있습니다. 화해는 서로에게 양 진영의 갈등을 이해하게 하는 일종의 기술입니다. 갈등에 있어, 양 진영은 부분적인 책임이 있고 갈등과 상관없는 우리도 그것에 일말의 책임이 있습니다. 만일 우리가 깨어있는 마음 가운데 살았더라면 갈등이 일어난 첫 단계를 인지하고 갈등을 피하는데 도움을 줄 수 있었기 때문입니다. 화해는 갈등의 바깥에서 판단하는 것이 아니라 갈등에 책임을 지고 혼신을 다해 양 진영의 고통을 이해하는 것입니다. 그때 우리는 고통을 겪은 각 진영과의 소통이 가능하고 두 진영의 공통적 이상ideal에 근거해 어느 정도 해결책을 제시할 수 있습니다. 화해의 목적은 체면을 지키거나 이익을 도모하는 것이 아니라 지혜understanding와 자비를 실현하는 것입니다. 화해를 위해 우리는 스스로 지혜와 자비를 구현해야 합니다.

화해의 필요성과 의무감에 대한 우리의 자각, 그리고 우리의 노력에 대한 성공 여부는 지혜와 자비의 정도에 있습니다. 그것은 양 진영뿐 아니라 우리 자신을 위해서도 마찬가지입니다.

모든 공동체는 일종의 화합의 공동체입니다. 붓다 공동체가 깨어있는 마음 수행 합송, 결정, 깨어있는 마음 수행 전승 법회와 같은 활동을 시작하기 전에, 승가갈마사僧伽羯磨師, Sanghakarman Master는 항상 이렇게 묻습니다.

"공동체의 모든 회원들이 모였습니까?"

"네, 모두 모였습니다."

"공동체에 화합이 있습니까?"

"네, 공동체에 화합이 있습니다." 만일 답이 없으면, 모임이 진행될 수 없습니다. 이를 승가갈마 절차라 합니다. 이는 붓다 생존 당시 생긴 것으로 지난 2500년간 비구와 비구니 공동체에서 실행되었습니다.

9. 아홉 번째 깨어있는 마음 수행 - 진실하고 다정한 말

우리는 고통과 행복이 말로 인해 생긴다는 것을 알고 있습니다. 우리는 희망과 신뢰를 주는 말, 진실하고 건설적인 말을 하겠습니다. 우리는 자신의 이익을 위해 불의한 말을 하거나, 분리나 증오를 낳는 말을 하지 않겠습니다. 우리는 확실히 알지 못하는 소식을 퍼트리지 않고, 확신할 수 없는 일에 대해서는 비난하지 않겠습니다. 우리는 안전이 위협당해도 정의롭지 못한 일에 대해 거리낌 없이 말하겠습니다.

* 해 설 *

이는 말에 관한 두 번째 깨어있는 마음 수행입니다. 말은 단순하고 분명합니다. 말을 통해, 우리는 사랑과 믿음, 행복의 세계를 만들 수도, 아니면 지옥의 세상도 만들 수 있습니다. 우리는 말하는 내용과 방법에 주의해야 합니다. 습관적으로 말을 많이 하면 말수를 줄이는 수행을 해야 합니다. 우리는 무슨 말을 하는지, 그 말의 결과가 무엇인지를 분명히 알아야 합니다. 종종 사찰에서 조차 너무 많은 말을 하고 모든 일에 입을 엽니다. 우리는 부정적인 말투가 어떻게 지옥을 만드는지를 경험했습니다.

안거 기간 동안 우리는 말수를 대략 90% 줄이며 침묵 수행을 합니다. 이 수행은 매우 유용합니다. 침묵 수행을 통해 우리는 말을 통제할 뿐만 아니라 우리 자신과 주위의 사람들, 그리고 삶을 더욱 분명히 성찰하고 직시 할 수 있습니다. 침묵 가운데 깊이 바라보고 꽃, 풀, 관목, 나무, 새, 주위의 동료에게 미소를 보낼 수 있습니다. 침묵 기간을 완벽히 지킨 수행자는 침묵 수행의 이점을 잘 압니다. 침묵과 미소, 올바른 말은 우리 자신만 아니라 우리 주위의 세상과 평화를 이루게 합니다. 올바른 말은 거짓과 험담^{gossip}, 과장, 거친 말투, 어리석은 횡설수설이 없습니다. 아홉 번째 깨어있는 마음 수행은 솔직함과 용기를 필요로 합니다. 우리 가운데 부당한 현실에 대해 당당히 말할 용기를 가진 사람이 몇이나 되겠습니까? 그것도 자신의 안전히 위협당하는 상황에서 말입니다.

10. 열 번째 깨어있는 마음 수행 - 승가 보호하기

우리는 승가의 본질과 목적이 이해와 자비의 수행이라는 것을 알고 있습니다. 우리는 승가를 개인적인 이익을 위해 사용하거나 정치 단체로 만들지 않겠습니다. 하지만 우리 공동체는 압제와 불의에 대해 분명한 입장을 취하고 당파적인 갈등에 휘말리지 않고 상황을 개선하겠습니다.

* 해 설 *

정치인들은 종교단체의 지지를 요청하지만 그들의 목적은 대개 정치적입니다. 종교단체의 목적은 사람들을 영적인 길로 안내하는 것입니다. 따라서 종교단체를 정당으로 바꾸는 것은 참 목적을 왜곡하는 것입니다. 종교 지도자들은 공동체의 물질적 풍요를 대가로 정부로부터 지원을 받을 유혹에 빠집니다. 이런 일은 과거에 늘 있었습니다. 종교단체는 정부의 도움을 받기 위해 정부가 자행한 압제나 불의에 눈감아 왔습니다. 정당의 권력 강화를 위해 정치인들이 종교 공동체를 이용하도록 용인하는 것은 종교단체의 영적인 주권을 포기하는 것과 같습니다.

"영적 공동체는 압제와 불의에 대해 분명한 입장을 가져야 한다…" 이는 사성제의 원칙에 따른 분명한 목소리입니다. 불의한 상황에 관한 진실은 완전히 드러나야 합니다. 그것이 첫 번째 진리인 고苦, suffering입니다. 여러 부당한 상황들은 모두 열거되어야 합니다. 그것이 두 번째 진리인 집集, the causes of suffering입니다. 불평등을 없애려는 목적과 바람이 명백히 드러나야 합니다. 그것이 세 번째 진리인 멸滅, the removal of suffering입니다. 그리고 불평등을 제거하려는 대책이 제기되어야 합니다. 그것이 네 번째 진리인 도道, the way to end suffering입니다. 종교단체는 정치적인 힘은 없으나 영향력을 발휘하여 사회를 변화시킬 수 있습니다. 그 첫 번째 단계는 분명하게 외치는 것이고, 다음 단계는 변화를 위해 적절한 대책을 제안하고 지원하는 것입니다. 그러나 가장 중요한 것은 모든 당파적 이익을 초월하는 것입니다. 보살핌과 이해의 목소리는 야망의 목소리와 분명히 구별되어야 합니다.

11. 열한 번째 깨어있는 마음 수행 – 바른 직업正命, Right Livelihood

우리는 주변 환경과 사회에서 큰 폭력과 불의가 자행되었음을 알고 있습니다. 우리는 인간과 자연에 해를 끼치는 직업을 갖지 않겠습니다. 우리는 최선을 다해 이해와 자비의 이상을 실현하고 도움을 주는 직업을 선택하겠습니다. 우리는 세계 경제와 정치, 그리고 사회 현실을 잘 알고 있습니다. 따라서 우리는 타인에게 삶의 기회를 빼앗는 회사를 지지하지 않고 책임감 있는 소비자와 시민으로 행동하겠습니다.

* 해 설 *

바른 직업정명은 팔정도의 한 요소로 우리에게 물리적, 도덕적으로 인간과 자연에 해를 가하지 않는 삶을 살도록 권고합니다. 직장에서의 깨어있는 마음 수행은 우리의 직업이 올바른 것인지 아닌지를 찾도록 도와줍니다. 우리는 직업을 구하기 어렵고 정명을 수행하기도 어려운 사회에 살고 있습니다. 만일 우리가 하는 일이 생명을 해하는 일이면 최선을 다해 다른 직업을 찾아야 합니다. 이를 등한시해서는 안 됩니다. 무지 가운데 있으면 안 됩니다. 직업은 이해와 자비를 키울 수도 있고 반대로 잠식할 수도 있습니다. 우리가 하는 일은 법 수행과 밀접한 관련이 있습니다.

식품 제조업을 포함하여 오늘날 많은 공장들은 자연과 인간에게 해를 끼칩니다. 현대의 농사법 대부분은 정명과 거리가 멉니다. 농부들이 사용하는 유독 화학 약품은 환경에 피해를 줍니다. 정명을 수행하는 일은 농부들에게 어려운 과제입니다. 농부들이 화학 살충제를 사용하지 않으면 상업적인 경쟁력이 없어집니다. 그러므로 현실은 유기 농법을 사용할 농부들이 많지 않다는 것입니다. 정명은 개인적인 문제가 아니라 집단적인 업karma입니다.

만일 내가 아이들에게 사랑과 지혜를 키우는 아름다운 직업을 가진 학교 선생님이라 믿는다고 가정해 봅시다. 이때 누군가가 교사의 일을 그만두고 도축업자가 되라고 하면 나는 거절할 것입니다. 하지만 만물의 연기를 깊이 들여다보면 도축업자만이 동물 살육에 책임이 있는 사람이 아님을 알 수 있습니다. 그는 우리 모두를 위해 동물을 죽입니다. 우리는 마트에서 깨끗하게 포장되고 진열된 고기를 사기 때문입니다. 죽이는 행위는 집단적입니다. 우리는 무지 가운데 도축업자의 삶은 잘못이고, 우리의 삶은 옳다는 생각에 우리 자신과 도축업자를 분리합니다. 이것이 정명이 집단적인 문제인 이유입니다. 각자의 삶은 우리 모두에게 영향을 미치고 반대로 우리 모두의 삶은 나에게 영향을 미칩니다. 도축업자의 자녀들은 나의 가르침에 혜택을 입을 수도 있고, 반대로 나의 자녀들은 고기를 먹기 때문에 도축업자의 도살屠殺의 삶에 일말의 책임이 있습니다.

많은 사람들은 재래무기와 핵무기를 제조하여 무기 산업으로 생계를 유지합니다. 재래무기는 저개발국인 제 3 세계 국가에 판매됩니다. 제 3 세계 국가의 사람들은 총이나 탱크, 무기가 아니라 먹을 것이 필요합니다. 무기 제조와 판매는 확실히 정명이 아닙니다. 그러나 이 상황에 대한 책임은 무기 제조 노동자들에게만 있지 않습니다. 우리 모두-정치인, 경제인, 소비자-가 무기로 인한 죽음과 파멸에 책임이 있습니다. 우리는 이 거대한 문제를 분명히 보지 못했고, 말하지도 않았으며, 국가적인 토론을 충분히 거치지도 않았습니다. 만일 우리가 이 문제를 초국가적으로 논의했더라면 해결책이 나왔을 것입니다. 새로운 직업이 생겨 무기 제조로 이익을 얻지 못하도록 해야 합니다.

자비의 이상을 깨닫도록 도움을 주는 직업을 가진 사람을 감사해야 합니다. 우리는 매일 올바르고, 단순하고, 분별력 있게 살면서 우리 자신과 타인을 위해 적절한 직업을 제공하도록 도와야 합니다. 개인의 업業은 집단의 업業과 분리되지 않습니다. 기회가 된다면 여러분들의 에너지를 사용하여 개인의 업과 집단의 업을 향상하시길 바랍니다. 이것이 사홍서원四弘誓願, Four Great Vows3) 가운데 첫 번째를 실현하는 것입니다.

12. 열두 번째 깨어있는 마음 수행 - 생명 경외

우리는 전쟁과 갈등으로 많은 고통이 초래된다는 사실을 알고 있습니다. 우리는 일상에서 비폭력과 이해, 자비를 키우고, 평화 교육과 깨어있는 마음 명상, 그리고 가족과 공동체, 국가와 전 세계와 화해를 추구하겠습니다. 우리는 살인하지 않을 뿐만 아니라 누군가의 살인을 용인하지 않겠습니다. 우리는 생명을 보호하고 전쟁을 예방하기 위해 더 나은 방법을 찾고 승가와 함께

---

3) 보살(菩薩)의 공통된 네 가지 큰 서원으로, 모든 보살의 공통적인 서원이라는 의미에서 총원(總願)이라고도 한다. 사홍서원은 첫째, 중생무변서원도(衆生無邊誓願度): 일체의 중생, 즉 생명체를 구제하기 위하여 깨달음의 피안(彼岸)에 도달하겠다는 맹세, 둘째, 번뇌무진서원단(煩惱無盡誓願斷): 다함이 없는, 인간의 그 많은 번뇌를 끊겠다는 맹세, 셋째, 법문무량서원학(法門無量誓願學): 광대무변한 불타의 가르침을 모두 배워 깨닫겠다는 맹세, 넷째, 불도무상서원성(佛道無上誓願成): 가장 존귀하고 그 이상 뛰어난 것이 없는 불도를 닦아 깨달음에 이르러 성불하겠다는 맹세 등이 있다.

깊은 성찰을 수행하겠습니다.

* 해 설 *

살인은 세계 모든 나라에서 비난받을 일입니다. 불살생을 실천하는 불가의 수행은 모든 생명체에 확대됩니다. 하지만 그 어떤 사람도, 심지어 붓다나 보살이라 할지라도 깨어있는 마음 수행을 완벽히 실천할 수 없습니다. 우리는 작은 계단을 오를 때나 물을 끓일 때도 많은 미생물을 죽입니다. 이 수행의 본질은 생명을 존중하거나 보호하기 위해, 그리고 계속해서 평화와 화해의 방향으로 노정하기 위한 혼신의 힘입니다. 우리는 비록 100% 성공하지 못하더라도 최선을 다 할 수 있습니다.

이 깨어있는 마음 수행은 열한 번째 수행과 밀접히 관련됩니다. 직업과 소비에 대한 우리의 양식patterns은 인간과 다른 생명체와의 목숨이나 안전과 밀접한 관계가 있습니다. 폭력에는 여러 종류의 형태가 있습니다. 많은 사회에서 폭력은 종종 광신과 옹졸함에서 혹은 정치적 영향력이나 경제적인 이득을 얻기 위한 의지에서 비롯됩니다. 뿐만 아니라 폭력은 기술이나 경제력이 강한 나라가 약한 나라를 착취함으로써 발생합니다. 전쟁이 발발하면 반대할 수 있지만, 더 좋은 방법은 전쟁이 일어나지 않도록 최선을 다하는 것입니다. 전쟁을 막는 길이 평화를 위한 길입니다. 우리는 광신과 견해에 대한 집착과 맞서 싸우고 사회정의를 위해 일함으로써 이를 성취할 수 있습니다. 우리나라를 포함한 모든 나라의 정치·경제적인 야망에 힘차게 맞서야 합니다. 만일 이 중요한 문제를 국가적이거나 초국가적인 차원에서 논의하지 않으면, 우리는 결코 사회의 폭력을 막을 수 없습니다.

우리는 불살생의 깨어있는 마음 수행을 공부와 실천을 통해 일상에서 시작할 수 있습니다. 그리고 폭력과 평화에 관한 실질적인 문제 제기를 통해 전 국가적으로 일할 수 있습니다. 만일 일상에서 깨어있는 마음으로 살지 않으면, 우리 모두는 구조적인 폭력에 어느 정도 책임이 있습니다. 예컨대, 서양에서 술 제조와 소 사료로 소비되는 곡식의 양은 어마어마합니다. 파리의 응용 수학, 응용 경제학 연구소장인 페롱François Perroux은 서양에서 소비되는 육류와 알코올 소비를 50%만 줄여도, 제 3 세계의 기아와 영양실조를 충분히 해결할 수 있는 양의 곡식을 확보할 수 있다고 주장합니다. 만일 서양에서 알코올과 육류 소비를 줄이면 자동차 사고와 심장병에 의한 사망도 줄일 수 있습니다.

서양의 국방 예산은 냉전 이후 지출이 일시 삭감되었으나 다시 계속 늘어나고 있습니다. 여러 연구에 의하면 무기 제조를 중단하거나 줄이면, 가난, 기아, 여러 질병, 그리고 제 3 세계의 무지를 없앨 충분한 양의 돈을 확보할 수 있습니다. 우리는 바쁜 일상 가운데 불살생의 깨어있는 마음 수행을 위해 깊이 들여다볼 충분한 여유가 있습니까? 우리 가운데 이 수행을 충분히 실천한다고 정직하게 말할 수 있는 사람이 몇이나 되겠습니까?

13. 열세 번째 깨어있는 마음 수행 - 너그러움

우리는 착취와 불평등, 약탈, 압제를 알고 있습니다. 우리는 자비를 기르고 사람과 동물, 식물과 광물의 안녕을 위해 일할 방법을 찾겠습니다. 우리는 궁핍한 사람들에게 우리의 시간과 에너지, 자원을 나눔으로써 관대함을 실천하겠습니다. 우리는 약탈하지 않고 타인의 어떤 것도 소유하지 않겠습니다. 우리는 타인의 재산을 존중하겠습니다. 그러나 우리는 사람들이 타인이나 다른 생명체들의 고통으로부터 이익을 얻지 못하도록 하겠습니다.

* 해 설 *

열세 번째 깨어있는 마음 수행은 불평등에서 발생한 고통을 자각하게 함으로써 우리에게 더 살기 좋은 사회가 되도록 일할 것을 독려합니다. 이 수행은 네 번째, 다섯 번째, 열한 번째, 열두 번째 수행과 밀접히 관련됩니다. 우리는 이 수행을 깊이 이해하기 위해 다른 네 수행을 명상할 필요가 있습니다.

착취와 불평등, 약탈과 억압은 여러 형태로 나타나고 많은 고통을 초래합니다. 자애로움$^{loving\ kindness}$은 그것을 키우기로 서약하는 순간, 우리에게 태어납니다. 그리고 우리는 혼신을 다해 약탈과 억압, 불평등을 막으려고 합니다. 산스크리트어로 마이트리^{maitri}, 팔리어로 메타^{metta}인 자애로움은 타인과 생물에게 자비를 주는 의도와 능력입니다. 그러나 자비의 원천인 마이트리가 있어도, 그것을 표현하기 위해 방법을 찾아야 합니다. 우리는 상황을 진단하기 위해 한 개인으로 일하거나 한 공동체로 연합해야 합니다. 그리고 실질적인 문제 속에서 마이트리를 표현하기 위한 방법을 찾기 위해 우리의 지능과 능력을 발휘하여 깊이 보아야 합니다.

가령 독재 아래서 고통 받는 이들을 돕기 원한다고 가정해 봅시다. 독재 정부를 전복하기 위해 군대를 보내면 수많은 무고한 시민이 목숨을 잃을 수 있습니다. 자비로움으로 더 깊이 보면, 독재자를 도울 최선의 시간은 그의 손에 국가가 넘어가기 전이라는 사실을 알 수 있습니다. 그 나라의 젊은이들에게 민주적인 통치 방법을 배울 기회를 주는 것은 미래의 평화를 위한 훌륭한 투자입니다. 만일 상황이 나빠질 때까지 기다리면, 너무 늦습니다. 정치인, 군인, 사업가, 법률가, 국회의원, 예술가, 작가, 교사들과 함께 수행하면 자비와 자애로움, 지혜를 실천할 가장 좋은 방법을 찾을 수 있습니다.

너그러움에 대한 느낌이나 너그러워지는 능력으로는 부족합니다. 너그러움을 실천해야 합니다. 이를 위해서는 시간이 필요합니다. 우리는 타인의 행복을 위해 돕고 싶어 하지만 일상의 문제에 사로잡혀 있습니다. 때론 한 알의 약이나 약간의 음식으로 아프거나 배고픈 아이의 생명을 살릴 수 있습니다. 그러나 우리는 도울 시간이 없다고 생각합니다. 단지 20센트만 있으면 많은 나라에서 가난한 아이를 위해 점심이나 저녁을 제공할 수 있습니다. 이 같은 단순한 일로 사람들을 도울 수 있습니다. 하지만 우리는 바쁜 일상에 사로잡혀 아무 일도 하지 않습니다. 국회의원이나 정치인, 혁명의 지도자들이 최우선으로 해야 할 일은 사람들이 타인의 고통으로부터 이익을 얻지 못하게 하는 방법을 찾는 것입니다. 그러나 우리 또한 타인의 고통을 대가로 이익을 얻습니다. 우리는 억압받는 사람들 곁에서 그들의 살 권리를 보호하고 스스로 압제와 착취를 막을 수 있도록 도와야 합니다. 보살들의 맹세는 거대합니다. 우리 모두는 보살들과 함께 그들의 구명 뗏목에 함께 앉기로 맹세합니다.

14. 열네 번째 깨어있는 마음 수행 - 바른 행동正業, right conduct

〈재가자들을 위해〉 욕망에 의한 성관계는 외로움을 없앨 수 없고 더 많은 고통과 좌절, 고립을 낳는다는 사실을 알고 있습니다. 우리는 상호 이해와 사랑, 오랜 헌신이 수반되지 않은 성 관계는 하지 않겠습니다. 우리는 성관계를 통해 앞으로 초래될 고통을 분명히 알아야 합니다. 우리는 우리 자신과 타인의 행복을 지키기 위해 나와 타인의 권리와 헌신을 존중해야 한다는 사실을 알고 있습니다. 우리는 있는 힘을 다해 성폭력으로부터 아이들을 보호하고 연인이나 가족이 성추행으로 무너지지 않도록 하겠습니다. 우리는 몸을 존엄하게 대하고 보살의 이상을 실현하기 위해 우리의 생명 에너지를 지키겠습니다. 우리는 세상에 새로운 생명을 불어넣을 책임을 충분히 인식하고 새로운 존재들을 불어넣은 세상을 명상하겠습니다.

〈출가자들을 위해〉 비구와 비구니들의 염원은 자신들이 세속적인 사랑의 관계를 온전히 떠날 때 이루어진다는 사실을 알고 있습니다. 그래서 우리는 자비를 실천하고 타인이 스스로 보호할 수 있도록 돕겠습니다. 외로움과 고통은 두 몸이 결합 된 성관계를 통해서가 아니라 진정한 이해와 자비의 실천으로 줄어든다는 것을 알고 있습니다. 우리는 성관계가 수도자의 삶을 파괴하고 생명체를 돕는 우리의 이상을 막고, 타인에게 해가 된다는 사실을 알고 있습니다. 우리는 몸을 억압하거나 학대하지 않고,

단순한 도구로 여기지도 않으며 정중히 대하겠습니다. 우리는 보살의 이상을 실현하기 위해 생명 에너지^{정, 숨, 영}을 지키겠습니다.

* 해 설 *

많은 아이들과 연인들, 가족들이 성추행으로 상처를 받았습니다. 정업 실천은 우리와 타인을 상처로부터 보호합니다. 우리와 가족, 사회의 안정은 여기에 달려 있습니다. 정업 실천은 우리 자신과 사회를 치유합니다. 이를 결심할 때 태어난 에너지는 보살이 되도록 도와줍니다. 이것은 깨어있는 마음의 삶입니다.

불교에서 몸과 정신은 하나입니다. 몸에서 일어나는 모든 일은 정신에서도 일어납니다. 몸이 온전하면 정신도 온전하고, 몸이 침해되면 정신도 침해됩니다. 몸과 정신의 결합은 정신적 차원에서 이해와 교감이 있을 때만 낙관적일 수 있습니다.

성관계는 일종의 의례가 되어야 합니다. 그것도 깨어있는 마음 가운데 큰 존경과 돌봄, 사랑을 통해 행해져야 합니다. 진정한 사랑은 돌봄과 존경, 아름다움과 건전함이 있습니다. 베트남에는 남편과 아내가 손님처럼 서로 존중하는 전통이 있습니다. 부부가 존경과 사랑을 실천하면 행복은 오래 지속됩니다. 성관계에서 존중은 가장 중요한 요소 가운데 하나입니다.

진정한 사랑은 상대방의 장점과 약점을 포함하여 있는 그대로 받아들이는 책임감도 수반됩니다. "오랜 헌신"이라는 표현은 "사랑"이라는 단어를 이해하는데 도움이 됩니다. 두 사람 사이의 오랜 헌신은 시작에 불과합니다. 강한 나무가 되기 위해서는 많은 뿌리들이 땅속에 깊이 파고들어야 합니다. 하나의 뿌리만 있는 나무는 바람에 쉽게 날립

니다. 한 연인의 삶도 가족, 친구, 이상, 실천, 승가 등 많은 요소로
지탱되어야 합니다. 공동체 내에서 이 수행을 이해하는 것은 매우 중
요합니다.

"책임감"이 핵심입니다. 깨어있는 마음을 위해서는 책임감이 필요합
니다. 수행 공동체에 성추행이 없고, 깨어있는 마음 수행을 잘 이행하
면 안정과 평화가 있습니다. 여러분들은 서로를 법Dharma의 형제, 자매
들로 존경하고, 지지하고 보호해야 합니다. 그렇지 않으면 무책임해져
문제를 일으킬 수 있습니다. 성추행을 삼가야 하는 이유는 많은 이들
의 행복이 우리 책임이기 때문입니다. 책임감이 없으면 모든 것이 무
너집니다. 우리는 이 수행을 실천함으로써 승가를 아름답게 지킬 수
있습니다.

우리는 이 수행과 관련된 외로움, 광고, 심지어 매춘업 같은 문제들
을 논의해야 합니다. 외로움은 우리 사회의 보편적인 현상입니다. 우
리 자신과 상대방 사이에 교감이 없으면, 심지어 가족이라도 외로운
감정 때문에 성관계를 하게 됩니다. 성관계가 우리를 덜 외롭게 할 거
라는 믿음은 일종의 미신입니다. 사실 우리는 성관계 이후 훨씬 더 외
로워집니다. 정신적 차원에서 상대와의 충분한 교감 없이 이루어진 성
관계는 서로의 틈만 더 벌어지게 하고 두 사람을 파괴할 뿐입니다. 결
국 두 사람의 관계는 험악해지고 서로에게 고통을 줍니다.

열네 번째인 정업을 수행할 때, 우리는 항상 우리의 감정에 기만당
하지 않도록 사랑의 본질을 깊이 보아야 합니다. 우리는 상대를 사랑
한다고 느끼지만, 때때로 그 사랑은 자신의 이기적인 욕구를 만족시키
기 위한 시도입니다. 아마 우리는 상대의 필요를 깊이 보지 않았을 것
입니다. 그들은 우리의 욕망의 대상이나 상업적 물품이 아닙니다. 성
은 사회에서 상품을 판매하는 하나의 수단으로 사용되고 있습니다. 성

산업도 있습니다. 이런 것들은 수행에 방해가 됩니다. 우리는 상대가 붓다가 될 능력을 지닌 사람임을 기억해야 합니다.

석가모니 붓다는 수 년 간의 금욕 수행 이후, 자신의 몸을 학대하는 것이 잘못임을 깨닫고 수행을 멈추었습니다. 그는 성적 쾌락에 탐닉하고 몸을 학대하는 행위는 둘 다 피해야 할 극단이며 마음과 몸이 악화되는 것임을 깨달았습니다. 그래서 붓다는 양극단 사이의 중도를 택했습니다.

아시아에는 3가지 에너지의 원천-성적 에너지, 호흡 에너지, 영의 에너지-이 있습니다. 성적인 에너지는 성관계를 통해 소비되는 에너지, 생동하는 호흡$^{vital\ breath}$은 말을 많이 하고 호흡을 적게 할 때 나오는 에너지, 영은 걱정을 많이 할 때 나오는 에너지 입니다.

우리는 이 세 에너지의 균형을 유지하는 법을 알아야 합니다. 그렇지 않으면 책임감 없이 행동할 수 있습니다. 동양 의학에 의하면 이 세 에너지의 근원이 고갈되면, 몸이 약해지고 병이 듭니다. 그러면 수행이 더 어렵습니다. 도교와 무술에 이 세 에너지의 근원을 유지하고 키우는 훈련법이 있습니다. 호흡을 세거나 호흡을 따라가는 의식적인 호흡 수행으로, 생동하는 호흡 에너지를 낭비하지 않고 강화할 수 있습니다. 여러분들은 예술과 명상의 영역에서 성적인 에너지를 통해 깊은 깨달음에 이르게 하는 법을 배울 수 있습니다.

붓다 시대의 수도자는 밤낮 침묵으로 걷기 명상, 좌선 명상을 했습니다. 그들은 매일 아침 마을로 들어가 발우 공양을 하고 공양한 이들에게 짧은 법문을 전했습니다. 이런 방식으로 그들은 생동하는 호흡과 영을 유지했습니다. 붓다 시대의 수도승들이 성생활을 삼가 한 주된 이유는 에너지를 지키기 위해서입니다. 이것이 불교와 대부분의 다른 동양의 영적, 의료적 전통의 공통점입니다. 마하트마 간디는 비폭력

투쟁을 하는 가장 어려운 시기에도 금욕을 했습니다. 그는 동료들에게 긴장되고 힘겨운 상황을 대처할 때 금욕을 권했습니다. 영의 힘은 이 세 에너지의 근원에 있습니다. 베트남에서 "영적인"tinh thần의 뜻은 성적 에너지인 '띤'tinh과 영인 '턴'thần을 합친 말입니다. 물질적인 것과 영적인 것은 더 이상 구분되지 않고 각각의 이름은 서로를 위해 사용됩니다. 단식하는 사람들은 이 세 에너지의 근원이 유지되지 않으면 오랫동안 단식할 수 없다는 것을 알고 있었습니다. 1966년 틱 트리광 Thick Tri Quang 스님은 베트남에서 100일간 단식 했습니다. 비결은 이 세 에너지를 보존하는 법을 알고 있었기 때문입니다.

붓다 당시 수도승들이 성생활을 자제한 두 번째 이유는 깨달음에 집중하기 위해서입니다. 수도승에게 돌봐야 할 가족이 있었더라면 수행할 시간이 거의 없었을 것입니다. 오늘날 많은 수도승과 사제들은 부인과 자녀의 여부와 상관없이 바쁘게 생활합니다. 이들은 사찰이나 교회를 관리해야 하기 때문에 세대 주 만큼 바쁩니다. 하루는 수도승 다이 산Dai San이 친구에게 "너무 바쁘다."고 불평하자, 그 친구는 "넌 왜 수도승이 됐니?"라고 핀잔을 줬습니다. 수도승은 너무 바쁘면 안 됩니다. 수행할 시간이 없으면 수도승으로 남아있을 이유가 없기 때문입니다.

붓다 당시, 수도승들이 성생활을 하지 않은 세 번째 이유는 윤회를 끊기 위해서입니다. 윤회의 첫 번째 의미는 우리의 후손, 자녀, 손자, 손녀로 다시 태어나는 것입니다. 붓다 시대의 가난과 질병은 대부분의 사람들에게 지금보다 훨씬 더 공통적인 현상이었습니다. 이는 사성제의 첫 번째인 고제苦諦를 반영합니다. 한 가족에 많은 자녀가 있다고 상상해 봅시다. 대부분의 아이들은 연약하고 병을 앓고 있습니다. 이런 상황은 오늘날 대부분의 지역에서도 마찬가지입니다. 부모와 자녀가 함께 고통당합니다. 윤회는 이런 맥락과 사회적 배경 아래서 이해되어야 합니다. 이들에게 새로운 탄생은 기쁨이 아니라 '재난'입니다. 출산은 기아와 질병의 고리를 영구화합니다. 이는 윤회가 연속되는 일입니다. 붓다 시대의 깨어있는 마음 독신 수행은 출산을 방지하는 목적이기도 했습니다. 즉 독신은 출산을 억제하는 기능을 했습니다.

따라서 독신 수행은 인구와 기아, 경제 발전의 문제와 직접적으로 관련됩니다. 2000년 이상 비구가 존재했던 스리랑카, 버마, 태국, 라오스, 캄보디아, 중국, 몽골, 베트남, 한국, 티베트, 몽골, 일본 같은 나라들은 세계 인구를 몇 십억까지 감소시키는데 크게 기여했습니다. 인구 폭발은 오늘날 가장 심각한 문제 가운데 하나입니다. 기아는 전쟁으로 이어지고, 오늘날 전쟁은 갈수록 파괴적입니다. 인구를 통제하지 못하는 나라는 가난을 극복할 수 없습니다. 핵무기로 인한 대학살의 위협도 있습니다. 부모들은 오늘의 현실을 잘 알아야 합니다. 우리는 자녀에게 닥쳐올 미래를 분명히 알고 우리 자신과 자녀에게 더 나은 미래를 만들 수 있도록 행동해야 합니다.

우리는 세상에 새로운 생명을 부여할 때 그에 따른 책임을 분명히 알아야 합니다. 해답은 출산을 막는 것이 아니라 세상을 더 나은 장소로 만드는 것입니다. 지구와 아이들의 미래는 오늘날 우리의 삶의 방식에 달려 있습니다. 생태계를 착취, 파괴하고, 무기 경쟁을 계속하면 지구와 인류의 미래를 보장할 수 없습니다. 우리 각자의 삶의 방식은 미래의 평화를 위해 한 장의 벽돌이 되어야 합니다. 14가지 수행은 대단히 크고, 그것을 지키는 것은 상즉종의 다른 모든 깨어있는 마음 수행과 관련됩니다. 정업 수행을 깊이 수행하고 이해하기 위해, 우리는 정업과 매일의 명상 수행, 사성제, 그리고 윤회의 가르침 사이의 관계를 알아야 합니다.

* 해 설 *

상즉종의 14가지 깨어있는 마음 수행은 붓다의 정수精髓입니다. 그 수행은 실제 삶 속에서 깨어있는 마음이지, 개념을 가르치는 것이 아닙니다. 이 수행을 깊이 실천하면, 그 모든 것이 다른 모든 것 안에 있다는 사실을 깨닫게 됩니다. 우리는 이 수행을 공부하고 실천함으로써 진정한 상호존재interbeing를 이해할 수 있습니다. 우리는 홀로 존재할 수 없습니다. 우리는 모든 이와 만물과 함께 존재하기inter-be 때문입니다. 이 수행을 실천하는 것은 우리 몸과 마음, 세상에서 무슨 일이 일어나고 있는지를 자각하는 것입니다. 이 자각으로, 우리는 매 순간 완전히 현존하고, 행복하게 살고, 우리가 직면한 문제를 성실히 해결하고, 크고 작은 방식으로 평화를 위해 일할 수 있습니다.

다섯 가지 깨어있는 마음 수행을 깊이 하면, 이미 14가지 수행을 실천하는 것입니다. 공식적으로 14가지 깨어있는 마음 수행을 받고 상즉종의 핵심공동체core community에 입단을 원하면, 그것은 승가의 지도자가 되어 수행이 체계화되기를 원하기 때문입니다. 여러분들은 시간과 에너지, 승가를 돌볼 관심이 있다고 느낄 때, 수계를 요청해야 합니다. 그때 다른 수도승들과 함께 일할 수 있습니다. 그렇지 않으면 다섯 가지 깨어있는 마음 수행으로도 충분합니다. 여러분들은 공식적인 절차, 즉 상즉종의 수계를 받지 않고도, 14개의 수행을 실천할 수 있습니다.

신앙을 가진 많은 종교인들은 14가지 수행을 사랑합니다. 원한다면 단어 몇 개를 수정하여 기독교, 유대교, 이슬람교, 혹은 다른 종교 전통에 적용하시기 바랍니다. 깨어있는 마음 훈련이나 혹은 자신의 종교 전통에 상응하는 것을 실천하는 데 저와 함께 해주시길 바랍니다. 이는 우리 자신과 세상의 행복을 위해 매우 중요합니다.

3

법회Ceremonies

법회Ceremonies

1. 삼보^{三寶}와 두 약속: 어린이들을 위한 합송^{recitation}

1) 향을 드림

수장^{首長}: 우리는 감사한 마음으로 시간과 공간을 넘어 존재하는 모든 붓다와 보살님께 이 향을 드립니다. 이 향이 지구만큼 향기롭게 하시고, 우리의 주의 깊은 노력과 전심 어린 자각, 이해의 열매를 반영하고, 서서히 우리 가운데 영글게 하소서. 우리와 모든 존재들이 붓다와 보살의 친구가 되게 하소서. 우리가 망각에서 깨어나 우리의 진정한 본향을 깨닫게 하소서.

- 종 울림 -

2) 지구와 접하기

고통과 혼돈 가운데 깨달음의 삶을 살고 가르침으로써 깨달음을 이루신 석가모니 붓다께 감사한 마음으로 절합니다.

- 종 울림 -

우리의 마음과 정신을 깨우치며, 무지를 없애주신, 대지혜의 보
살인 문수보살^{文殊菩薩4)}께 감사한 마음으로 절합니다.

- 종 울림 -

모든 존재를 위해 깨어있는 마음과 기쁨으로 일하시는 보현보살
^{普賢菩薩5)}께 감사한 마음으로 절을 합니다.

- 종 울림 -

고통에 응답하고 무한으로 중생을 돌보시는 대자비 관세음보살^觀
^{世音菩薩6)}께 감사한 마음으로 절을 합니다.

---

4) 문수는 산스크리트어로 만주수리(Manjusri)이며, 한문으로는 문수사리로
   음역하고 줄여서 문수라고 한다. 문수는 묘(妙)하다, 사리는 으뜸(頭), 덕
   (德), 그리고 길상(吉祥)이라는 뜻으로 묘길상(妙吉祥)이라고 번역하기도 한
   다.
5) 보현은 산스크리트어로 사만타바드라(Samantabjadra)로, 보현(普賢)이라고
   번역한다. 보현보살은 실천을 상징하는 보살로서 문수보살과 함께 모든 보
   살의 으뜸이다.
6) 관세음보살은 산스크리트어로 아바로키테슈바라(Avalokiteśvara)로, 관자재
   (觀自在), 관세음(觀世音), 광세음(廣世音), 관세음자재(觀世音自在), 관음(觀
   音) 등으로 번역된다. 관세음보살은 고해 중생의 간절한 염원을 관조하여

- 종 울림 -

아이들과 모든 존재들의 깨달음과 자애의 씨앗인 미륵보살^{彌勒}^{菩薩7)}께 감사한 마음으로 절합니다.

- 종 울림 -

두려움이 없이 자비의 길을 보여주신 스승 되신 조상님들께 감사한 마음으로 절을 합니다.

- 두 번 종 울림 -

3) 찬가 시작하기

수장은 법문을 찬가하고 전체 회원은 따라 한다:

다르마는 깊고 사랑스럽습니다.

구원과 자비를 베푸시는 분, 불안과 공포가 없는 마음을 주시는 분이라는 의미이다.
7) 미륵은 산스크리트어로 마이트레야(Maitreya)로, 자씨(慈氏)로 의역되며 우정이라는 뜻을 지닌다. 미륵은 메시아(Messiah)의 어원이기도 하고 미래의 부처님이다. 미륵보살은 석가모니 부처가 열반에 든 뒤 56억 7천만 년 후에 구제되지 못한 중생들을 제도하기 위해 사바세계에 출현하여 화림원(華林園)의 용화수(龍華樹) 아래에서 성도하여 3회의 설법으로 3백억의 중생을 제도한다. 용화수 아래에서 성불하기 전까지를 미륵보살이라 부르고 성불한 뒤를 미륵불이라 한다.

우리는 다르마를 보고 연구하고 수행할 기회가 있습니다.
다르마의 진정한 의미를 깨닫기를 맹세합니다.

4) 도입문

오늘 우리 공동체는 삼보, 두 가지 약속, 다섯 가지 깨어있는 마음 수행8), 14가지 상즉종의 깨어있는 마음 수행을 합송하기 위해 모였습니다. 우선 우리는 세 가지 보물과 두 가지 약속을 합송 하겠습니다. 젊은 수도승들은 앞으로 나와 주시기 바랍니다. 여러분들은 종소리를 듣자마자, 붓다와 다르마, 승가에 감사하기 위해 세 번 절하시기 바랍니다.

- 종 울림 -

5) 삼보

붓다의 젊은 학승들이여, 여러분들은 현생의 길을 보여주신 붓다와 이해와 사랑의 길인 다르마, 조화와 자각의 삶을 실천하는 승가에 귀의했습니다. 삼보를 정기적으로 합송하면 도움이 됩니다. 모든 수행자들은 젊은 학승들과 함께 나를 따라 합송해 주시기 바랍니다.

나는 현생의 길을 보여주신 붓다께 귀의합니다.

---

8) 다섯 가지 깨어있는 마음수행은 오계(五戒)를 현대적으로 해석한 것이다. 틱낫한, 진우기 옮김, 『힘』 (서울: 명진출판, 2003), p. 202.

나는 이해와 사랑의 길을 보여주신 다르마에 귀의합니다.
나는 조화와 자각의 삶을 실천하는 승가에 귀의합니다.

6) 두 약속

붓다의 젊은 학승들이여, 우리는 삼보의 합송을 마쳤습니다. 이제 우리는 붓다와 다르마, 승가와 함께했던 두 약속을 합송하겠습니다. 모든 수행자들은 젊은 학승들과 함께 나를 따라 합송해 주시기 바랍니다.

나는 자비를 키워
사람과 동물, 식물, 광물과
평화롭게 살아갈 것을 맹세합니다.

이는 우리의 스승인 붓다와 했던 첫 번째 약속입니다. 여러분들은 지난 두 주 간 그 약속을 지키고 이를 더 많이 배우려고 노력하였습니까?

- 종 울림 -

붓다의 학승들이여, 이해와 사랑은 붓다의 가장 중요한 두 가르침입니다. 우리는 상대방의 고통에 열려있고 이해하기 위해 노력하지 않았다면 그들을 사랑할 수도, 그들과 조화롭게 살 수도 없습니다. 우리는 동물과 식물, 광물의 삶을 이해하고 보호하고 그들과 조화롭게 살기 위해 노력해야 합니다. 붓다는 우리에게 사랑과 자비와 이해의 눈으로 살아있는 생물을 보라고 가르칩니다. 이 가르침을 수행하시기 바랍니다. 젊은 수도승들이여, 종이 울리자마자, 삼보에 세 번 절하십시오. 그 후, 명상센터를 나가시면 됩니다.

2. 다섯 가지 깨어있는 마음 수행 합송

  이 의식은 향을 드리고, 지구와 접하기, 아래의 합송과 함께 시작합니다.

1) 승가갈마僧伽羯磨, Sanghakarman절차
  승가갈마사: 모두 모였습니까?
  승가갈마 소집자: 네, 모두 모였습니다.
  승가갈마사: 공동체에 조화가 있습니까?
  승가갈마 소집자: 네, 조화가 있습니다.
  승가갈마사: 참석을 요청받았는데 참석 못 한 사람이 있습니까? 그들은 다섯 가지 깨어있는 마음 수행을 공부하고 실천하기 위해 최선을 다했다고 말했습니까?
  승가갈마 소집자: 아니오, 없습니다.
  (만약 있으면) 승가갈마 소집자: 예, 있습니다. 건강상의 이유로, ( )는 오늘 합송에 참석하지 못했습니다. 그녀는 (   )에

*게 참석하라고 했습니다. 그녀는 깨어있는 마음 수행을 공부
하고 실천하는데 최선을 다했다고 말했습니다.*

승가갈마사: 오늘 우리가 모인 이유는 무엇입니까?

*상가카르만 회원: 우리는 깨어있는 마음 수행의 합송을 위해
모였습니다. 고귀한 공동체여 들으시오. 오늘은 깨어있는 마음
수행의 날로 지정되었습니다. 우리는 약속한 시간에 모였습니
다. 우리 공동체는 화해의 분위기 가운데 깨어있는 마음 수행
을 듣고 합송 할 준비가 되었습니다. 그러면 합송을 계속 진
행하겠습니다.*

그것은 옳습니까?

모두가: 그것은 옳습니다.(질문을 반복하고 세 번 대답한다)

2) 도입문

형제, 자매들이여, 지금은 깨어있는 마음 수행을 합송할 시간
입니다. 수계를 받는 비구와 비구니는 붓다를 향해 합장하고 무
릎을 꿇으십시오.

형제, 자매들이여, 들으십시오. 다섯 가지 깨어있는 마음 수행
은 행복한 삶을 위한 기본입니다. 다섯 가지 깨어있는 마음 수
행은 삶을 보호하고, 삶을 아름답게 하고, 삶을 가치 있게 합니
다. 다섯 가지 깨어있는 마음 수행은 깨달음과 자유를 열어주는
문입니다. 각각의 수행에 귀 기울이고, '네'라고 답하십시오. 여
러분들은 그것을 볼 때마다, 공부하고, 실천하고, 지키기 위해
말없이 노력했습니다.

3) 다섯 가지 깨어있는 마음 수행

① 첫 번째 깨어있는 마음 수행

나는 삶을 파괴함으로써 생기는 고통을 잘 알고 있습니다. 나는 자비를 키우고 사람과 동물, 식물, 광물의 삶을 보호하는 법을 배우겠습니다. 나는 살인하지 않고 다른 사람들의 살인을 용납하지도 않겠습니다. 나는 생각으로도, 삶의 태도에서도 어떤 살인 행위를 용납하지 않겠습니다.

- 침묵 -

이것은 첫 번째 깨어있는 마음 수행입니다. 여러분들은 지난 두 주간 이 수행을 공부하고 실천하기 위해 노력하였습니까?

- 종 울림 -

② 두 번째 깨어있는 마음 수행

나는 착취와 불평등, 강탈과 억압에서 발생하는 고통을 알고 있습니다. 나는 자애를 기르고 사람들과 동물, 식물과 동물의 안녕을 위해 일할 수 있는 길을 찾겠습니다. 나는 궁핍에 빠진 이들과 나의 시간, 에너지, 물질 자원을 나누고 온유함을 실천하겠습니다. 나는 타인의 어떤 물건도 빼앗지 않고 소유하지 않겠습니다. 나는 타인의 재산을 존중하겠습니다. 그러나 사람들이 인간의 고통과 지구상의 다른 생물들의 고통으로 이익을 얻지 못하도록 하겠습니다.

- 침묵 -

- 종 울림 -

③ 세 번째 깨어있는 마음 수행

나는 성추행에 의한 고통을 알고 있습니다. 나는 개인이나 연인, 가족이나 사회의 안전과 순결을 지키기 위해 책임감을 키울 수 있는 길을 찾겠습니다. 나는 사랑과 오랜 헌신이 없는 성관계는 하지 않겠습니다. 나는 나 자신과 타인의 행복을 위해 나와 상대의 헌신을 존중하겠습니다. 나는 아이들을 성 학대로부터 보호하고, 연인이나 가족이 성추행으로 무너지지 않도록 최선을 다하겠습니다.

- 침묵 -

이것은 세 번째 깨어있는 마음 수행입니다. 여러분들은 지난 두 주간 이 수행을 공부하고 실천하기 위해 노력하였습니까?

- 종 울림 -

④ 네 번째 깨어있는 마음 수행

나는 깨어있는 마음 없는 말과 타인에게 귀 기울이지 않음으로써 초래되는 고통을 알고 있습니다. 나는 타인에게 기쁨과 행복을 주고 타인의 고통을 덜어주기 위해 자애로운 말을 키우고 깊이 경청하겠습니다. 나는 말이 행복을 낳을 수도, 고통을 초래할 수 있다는 것을 알고 있습니다. 그래서 나는 자기 확신과 기쁨, 희망을 주는 진실한 말을 하겠습니다. 나는 분리나 부조화를 일으키는 말을 삼가겠습니다. 그렇지 않으면 가족이나 공동체를 파괴할 수 있기 때문입니다. 나는 아무리 작은 갈등이라도 조화하고 해결하도록 노력하겠습니다.

- 침묵 -

이것은 네 번째 깨어있는 마음 수행입니다. 여러분들은 지난 두 주간 이 수행을 공부하고 실천하기 위해 노력하였습니까?

- 종 울림 -

⑤ 다섯 번째 깨어있는 마음 수행

나는 깨어있는 마음 없는 소비에서 발생하는 갈등을 알고 있습니다. 나는 깨어있는 마음먹기와 마시기, 소비를 실천함으로써 나 자신과 가족, 사회를 위해 육체적, 정신적인 건강을 유지하겠습니다. 나는 몸과 의식, 그리고 가족과 사회의 집단적 몸과 의식 안에서 평화, 안녕, 기쁨을 유지할 수 있는 것만 먹겠습니다. 나는 술이나 독이 있는 것을 사용하지 않고 독성을 품은 음식이나 TV 프로그램, 잡지, 책, 영화, 대화 등을 하지 않겠습니다. 나는 이 독약들이 내 몸과 의식을 망치는 것이며 나의 조상, 부모님, 사회와 미래 세대를 배신하는 행위라는 것을 알고 있습니다. 나는 나 자신과 사회를 위해 다이어트를 함으로써 나와 사회 안에 있는 폭력, 두려움, 분노와 혼란을 바꾸도록 하겠습니다. 나는 적당한 다이어트는 나의 변화와 사회의 변화를 위해 중요하다는 것을 알고 있습니다.

- 침묵 -

이것은 다섯 번째 깨어있는 마음 수행입니다. 여러분들은 지난 두 주간 이 수행을 공부하고 실천하기 위해 노력하였습니까?

- 종 울림 -

4) 결어結語

형제, 자매들이여, 우리는 개인과 가족, 사회의 행복을 위한 토대인 다섯 가지 깨어있는 마음 수행을 합송 했습니다. 우리는 깨어있는 마음 수행의 공부와 실천이 매일 심화 될 수 있도록 정기적으로 합송해야 합니다. 다 같이 합장하고 나를 따라 마지막 합송을 해주시기 바랍니다:

수행을 합송하고
깨달음의 길을 실천하는 일은
무한한 유익을 낳습니다.
우리는 그 열매를 모든 존재들과 함께 나누기를 서약합니다.
우리는 길을 안내하고 지지하는 부모님, 스승님, 친구, 그리고
수많은 존재에게 찬사를 보냅니다.

3. 상즉종의 14가지 깨어있는 마음 수행 합송

1) 향을 드림

수장: 우리는 감사한 마음으로 시간과 공간을 넘어 존재하는 모든 붓다와 보살님께 이 향을 드립니다. 이 향이 지구만큼 향기롭게 하시고, 우리의 주의 깊은 노력과 진심 어린 자각, 이해의 열매를 반영하고, 서서히 우리 가운데 영글게 하소서. 우리와 모든 존재들이 붓다와 보살의 친구가 되게 하소서. 우리가 망각에서 깨어나 우리의 진정한 본향을 깨닫게 하소서.

- 종 울림 -

2) 지구와 접하기

고통과 혼돈 속에서 깨달음의 삶을 살고 가르침으로써 깨달음을 이루신 석가모니 붓다께 감사한 마음으로 절합니다.

- 종 울림 -

우리의 마음과 정신을 깨우치며, 무지를 없애주신, 대지혜의 보살인 문수보살께 감사한 마음으로 절합니다.

- 종 울림 -

모든 존재를 위해 깨어있는 마음과 기쁨으로 일하시는 보현보살께 감사한 마음으로 절을 합니다.

- 종 울림 -

고통에 응답하고 무한으로 중생을 돌보시는 대자비 관세음보살께 감사한 마음으로 절을 합니다.

- 종 울림 -

아이들과 모든 존재들의 깨달음과 자애의 씨앗인 미륵보살께 감사한 마음으로 절합니다.

- 종 울림 -

두려움이 없이 자비의 길을 보여주신 조상님들께 감사한 마음으로 절을 합니다.

- 두 번 종 울림 -

3) 찬가 시작하기

수장은 법문을 찬가하고 전체 회원은 따라 한다:

다르마는 깊고 사랑스럽습니다.
우리는 다르마를 보고 연구하고 수행할 기회가 있습니다.
우리는 다르마의 진정한 의미를 깨닫기를 맹세합니다.

4) 승가갈마 절차

승가갈마사: 모두 모였습니까?
승가갈마 소집자: 네, 모두 모였습니다.
승가갈마사: 공동체에 조화가 있습니까?
승가갈마 소집자: 네, 조화가 있습니다.
승가갈마사: 참석을 요청받았는데 참석 못한 사람이 있습니까? 그들은 다섯 가지 깨어있는 마음 수행을 공부하고 실천하기 위해 최선을 다했다고 말했습니까?
승가갈마 소집자: 아니오, 없습니다.
(만약 있으면) 승가갈마 소집자: 네, 있습니다. 건강상의 이유로, 그 혹은 그녀(이름)는 오늘 합송에 참석하지 못했습니다. 그 혹은 그녀(이름)에게 참석하라고 했습니다. 그녀는 깨어있는 마음 수행을 공부하고 실천하는데 최선을 다했다고 말했습니다.

승가갈마사: 오늘 우리가 모인 이유는 무엇입니까?
*승가갈마 소집자: 우리는 상즉종의 14가지 깨어있는 마음 수
행의 합송을 위해 모였습니다. 고귀한 공동체여 들으시오. 오
늘은 상즉종의 14가지 깨어있는 마음 수행의 날로 지정되었
습니다. 우리는 약속한 시간에 모였습니다. 우리 공동체는 화
해의 분위기 가운데 깨어있는 마음 수행을 듣고 합송 할 준비
가 되었습니다. 그러면 합송을 계속 진행하겠습니다.
그것은 옳습니까?*
모두가: 그것은 옳습니다.
(질문을 반복하고 세 번 대답한다)

5) 도입문

오늘 나는 14가지 깨어있는 마음 수행을 합송하라고 했습니다.
나는 상즉종의 모든 이들에게 영적 지원을 요청합니다. 형제,
자매들이여 들으십시오. 깨어있는 마음 수행은 상즉종의 핵심입
니다. 깨어있는 마음 수행은 길을 밝히는 횃불이고, 우리를 태
우는 배이며, 우리를 안내하는 스승입니다. 상즉종의 모든 이들
이 고요한 마음으로 듣기를 요청합니다. 깨어있는 마음 수행이
우리를 들여다보는 깨끗한 거울이라 생각하십시오. 지난 두 주
간, 여러분들이 깨어있는 마음 수행을 배우고 실천하고, 독서하
게 해준 것을 알 때마다 말없이 '네'라고 하십시오.

- 종 울림 -

형제, 자매들이여, 준비됐습니까?

모두(고요히): '네', 준비됐습니다.

6) 14가지 깨어있는 마음 수행
이것은 그 당시, 상즉종의 14가지 깨어있는 마음 수행입니다.

① 첫 번째 깨어있는 마음 수행
우리는 광신과 편협함에서 발생하는 고통을 알고 있습니다. 우리는 어떠한 교리나 이론 이데올로기, 심지어 붓다의 교설이라 할지라도 그것을 우상화하거나 거기에 속박되지 않겠습니다. 붓다의 가르침은 지혜와 자비를 깊이 보고, 전진하도록 도움을 주는 방편입니다. 붓다의 가르침은 싸우거나 죽이기 위한 교리가 아닙니다.

- 침묵 -

이것은 상즉종의 첫 번째 깨어있는 마음 수행입니다. 여러분들은 지난 두 주간 이것을 공부하고 실천하고 지켰습니까?

- 종 울림 -

② 두 번째 깨어있는 마음 수행

우리는 견해와 잘못된 인식의 집착에서 고통이 생긴다는 것을 알고 있습니다. 우리는 좁은 소견이나 현재의 견해에 묶이지 않겠습니다. 우리는 타인의 통찰과 경험에 마음의 문을 열기 위해 견해에 집착하지 않는 수행을 하겠습니다. 우리는 현재의 지식이 무상하거나 절대적인 진리가 아님을 알고 있습니다. 진리는 삶 가운데 드러납니다. 우리는 일평생 배울 준비가 되어 있고, 매 순간 우리 안과 주위의 삶을 관찰하겠습니다.

- 침묵 -

이것은 상즉종의 두 번째 깨어있는 마음 수행입니다. 여러분들은 지난 두 주간 이것을 공부하고 실천하고 지켰습니까?

- 종 울림 -

③ 세 번째 깨어있는 마음 수행

우리는 타인에게 우리의 생각을 강요할 때 고통이 일어난다는 것을 알고 있습니다. 우리는 타인에게 심지어 아이들에게도, 권위, 위협, 돈, 선전, 세뇌와 같은 방식으로 우리의 생각을 강요하지 않겠습니다. 우리는 믿는 것과 결정하는 방식이 우리와 다른 타인의 권리를 존중하겠습니다. 하지만 우리는 타인이 깊은 수행과 자비로운 대화를 통해 광신과 협소한 마음을 버릴 수 있도록 돕겠습니다.

- 침묵 -

이것은 상즉종의 세 번째 깨어있는 마음 수행입니다. 여러분들은 지난 두 주간 이것을 공부하고 실천하고 지켰습니까?

- 종 울림 -

④ 네 번째 깨어있는 마음 수행
우리는 고통의 본질을 깊이 보는 것이 자비를 키우고 고통에서 벗어나는 방법을 찾는데 도움이 된다는 것을 알고 있습니다. 우리는 고통을 회피하지 않겠습니다. 우리는 여러 방법-개인적 접촉이나 이미지, 소리 등-을 모색하여 고통 받는 사람과 함께 하겠습니다. 그러면 우리는 그들의 상황을 더 깊이 이해하고 그들의 고통이 자비와 평화, 기쁨이 되도록 도울 수 있습니다.

- 침묵 -

이것은 상즉종의 네 번째 깨어있는 마음 수행입니다. 여러분들은 지난 두 주간 이것을 공부하고 실천하고 지켰습니까?

- 종 울림 -

⑤ 다섯 번째 깨어있는 마음 수행

우리는 참 행복이 부와 명예가 아닌 평화와 연대, 자유와 자비심에 뿌리를 두고 있음을 알고 있습니다. 우리는 인생의 목표를 명예와 이익, 부와 감각적 쾌락, 그리고 수백만의 사람들이 굶어 죽는 동안 재산을 축적하는 일에 두지 않겠습니다. 우리는 단순하게 살고, 우리의 시간과 에너지, 물질을 궁핍한 사람들과 나누겠습니다. 우리는 몸과 의식에 독성을 일으키는 알코올, 마약 등과 같은 물질을 사용하지 않고 깨어있는 마음 소비를 수행하겠습니다.

- 침묵 -

이것은 상즉종의 다섯 번째 깨어있는 마음 수행입니다. 여러분들은 지난 두 주간 이것을 공부하고 실천하고 지켰습니까?

- 종 울림 -

⑥ 여섯 번째 깨어있는 마음 수행

우리는 화가 의사소통을 가로막고 고통을 초래한다는 사실을 알고 있습니다. 우리는 화가 생길 때 화의 에너지를 돌보고 우리의 의식 깊은 곳에 있는 화의 씨앗을 인식하고 바꾸도록 하겠습니다. 화가 생길 때, 우리는 어떤 말도 하지 않고 깨어있는 마음 호흡과 깨어있는 마음 걷기를 수행하고 우리의 분노를 인정하고 감싸 안으며 깊이 보겠습니다. 우리는 화의 원인이라고 생각되는 우리 자신과 타인을 자비의 눈으로 바라보겠습니다.

- 침묵 -

이것은 상즉종의 여섯 번째 깨어있는 마음 수행입니다. 여러분들은 지난 두 주간 이것을 공부하고 실천하고 지켰습니까?

- 종 울림 -

⑦ 일곱 번째 깨어있는 마음 수행

우리는 삶이란 이 순간만 의미가 있고 지금 여기서 행복하게 사는 것임을 알고 있습니다. 삶의 매 순간 깊이 살 수 있도록 수행에 전념하겠습니다. 우리는 우리 자신을 산만하게 하거나 과거에 대한 후회, 미래에 대한 걱정, 현재의 욕심, 분노, 시기 등에 이끌려 살지 않겠습니다. 우리는 이 순간에 일어나고 있는 일에 깨어있기 위해 깨어있는 마음 호흡을 수행하겠습니다. 우리는 우리의 안과 주위에서 경이롭고 신선한 치유의 요소들과 접촉하고 우리 안에 있는 기쁨과 평화, 사랑과 이해의 씨앗을 키우겠습니다. 그리하여 우리 의식에 내재된 변화와 치유의 요소를 촉진하겠습니다.

- 침묵 -

이것은 상즉종의 일곱 번째 깨어있는 마음 수행입니다. 여러분들은 지난 두 주 간 이것을 공부하고 실천하고 지켰습니까?

- 종 울림 -

⑧ 여덟 번째 깨어있는 마음 수행

우리는 의사소통의 부족이 분리와 고통을 초래한다는 사실을 알고 있습니다. 우리는 자비롭게 듣고 다정하게 말하는 수행에 전념하겠습니다. 우리는 판단하거나 반응하지 않고 조화를 깨뜨리거나 공동체를 파괴하는 말을 삼가고 깊이 듣겠습니다. 우리는 혼신을 다해 의사소통을 잘 유지하고 아무리 작은 갈등이라도 조정하고 화해할 수 있도록 하겠습니다.

- 침묵 -

이것은 상즉종의 여덟 번째 깨어있는 마음 수행입니다. 여러분들은 지난 두 주간 이것을 공부하고 실천하고 지켰습니까?

- 종 울림 -

⑨ 아홉 번째 깨어있는 마음 수행

우리는 고통과 행복이 말로 인해 생긴다는 것을 알고 있습니다. 우리는 희망과 신뢰를 주는 말, 진실하고 건설적인 말을 하겠습니다. 우리는 자신의 이익을 위해 불의한 말을 하거나, 분리나 증오를 낳는 말을 하지 않겠습니다. 우리는 확실히 알지 못하는 소식을 퍼트리지 않고, 확신할 수 없는 일에 대해서 비난하지 않겠습니다. 우리는 안전이 위협당해도 정의롭지 못한 일에 대해 거리낌 없이 말하겠습니다.

- 침묵 -

이것은 상즉종의 아홉 번째 깨어있는 마음 수행입니다. 여러분들은 지난 두 주간 이것을 공부하고 실천하고 지켰습니까?

- 종 울림 -

⑩ 열 번째 깨어있는 마음 수행

우리는 승가의 본질과 목적이 이해와 자비의 수행이라는 것을 알고 있습니다. 우리는 공동체를 개인적인 이익을 얻기 위해 사용하거나 정치 단체로 만들지 않겠습니다. 하지만 우리 공동체는 압제와 불의에 대해 분명한 입장을 취하고 당파적인 갈등에 휘말리지 않고 상황을 개선하겠습니다.

- 침묵 -

이것은 상즉종의 열 번째 깨어있는 마음 수행입니다. 여러분들은 지난 두 주간 이것을 공부하고 실천하고 지켰습니까?

- 종 울림 -

⑪ 열한 번째 깨어있는 마음 수행

우리는 주변 환경과 사회에서 큰 폭력과 불의가 자행되었음을 알고 있습니다. 우리는 인간과 자연에 해를 끼치는 직업을 갖지 않겠습니다. 우리는 최선을 다해 이해와 자비의 이상을 실현하고 도움을 주는 직업을 선택하겠습니다. 우리는 세계 경제와 정치, 사회 현실을 잘 알고 있습니다. 따라서 우리는 타인에게 삶의 기회를 빼앗는 회사를 지지하지 않고 책임감 있는 소비자와 시민으로 행동하겠습니다.

- 침묵 -

이것은 상즉종의 열한 번째 깨어있는 마음 수행입니다. 여러분들은 지난 두 주간 이것을 공부하고 실천하고 지켰습니까?

- 종 울림 -

⑫ 열두 번째 깨어있는 마음 수행

우리는 전쟁과 갈등으로 많은 고통이 초래된다는 사실을 알고 있습니다. 우리는 일상에서 비폭력과 이해, 자비를 기르고, 평화 교육과 깨어있는 마음 명상, 그리고 가족과 공동체, 국가와 전 세계와 화해를 추구하겠습니다. 우리는 살인하지 않을 뿐만 아니라 누군가의 살인을 용인하지 않겠습니다. 우리는 생명을 보호하고 전쟁을 예방하기 위해 더 나은 방법을 찾고 승가와 함께 깊은 성찰을 수행하겠습니다.

- 침묵 -

이것은 상즉종의 열두 번째 깨어있는 마음 수행입니다. 여러분들은 지난 두 주간 이것을 공부하고 실천하고 지켰습니까?

- 종 울림 -

⑬ 열세 번째 깨어있는 마음 수행

우리는 착취와 불평등, 약탈, 압제를 알고 있습니다. 우리는 자비를 키우고 사람과 동물, 식물과 광물의 안녕을 위해 일할 방법을 찾겠습니다. 우리는 궁핍한 사람들에게 우리의 시간과 에너지, 자원을 나눔으로써 관대함을 실천하겠습니다. 우리는 약탈하지 않고 타인의 어떤 것도 소유하지 않겠습니다. 우리는 타인의 재산을 존중하겠습니다. 그러나 우리는 사람들이 타인이나 다른 생명체들의 고통으로부터 이익을 얻지 못하도록 하겠습니다.

- 침묵 -

이것은 상즉종의 열세 번째 깨어있는 마음 수행입니다. 여러 분들은 지난 두 주간 이것을 공부하고 실천하고 지켰습니까?

- 종 울림 -

⑭ 열네 번째 깨어있는 마음 수행
〈재가자들을 위해〉욕망에 의한 성관계는 외로움을 없앨 수 없고 더 많은 고통과 좌절, 고립을 낳는다는 사실을 알고 있습니다. 우리는 상호 이해와 사랑, 오랜 헌신이 수반되지 않은 성관계는 하지 않겠습니다. 우리는 성관계를 통해 앞으로 초래될 고통을 분명히 알아야 합니다. 우리는 우리 자신과 타인의 행복을 지키기 위해 나와 타인의 권리와 헌신을 존중해야 한다는 사실을 알고 있습니다. 우리는 있는 힘을 다해 성폭력으로부터 아이들을 보호하고 연인이나 가족이 성추행으로 무너지지 않도록 하겠습니다. 우리는 우리 몸을 존엄하게 대하고 보살의 이상을 실현하기 위해 우리의 생명 에너지를 지키겠습니다. 우리는 세상에 새로운 생명을 불어넣을 책임을 충분히 인식하고 새로운 존재들을 불어넣은 세상을 명상하겠습니다.
〈출가자들을 위해〉비구와 비구니들의 염원은 자신들이 세속적인 사랑의 관계를 온전히 떠날 때 이루어진다는 사실을 알고 있습니다. 그래서 우리는 자비를 실천하고 타인이 스스로 보호할 수 있도록 돕겠습니다. 외로움과 고통은 두 몸이 결합 된 성관계를 통해서가 아니라 진정한 이해와 자비의 실천으로 줄어든다는 것을 알고 있습니다. 우리는 성관계가 수도자의 삶을 파괴하고 생명체를 돕는 우리의 이상을 막고, 타인에게 해가 된다는 사실을 알고 있습니다. 우리는 몸을 억압하거나 학대하지 않고, 단순한 도구로 여기지도 않으며 정중히 대하겠습니다. 우리는 보살의 이상을 실현하기 위해 생명 에너지성, 숨, 영을 지키겠습니다.

- 침묵 -

이것은 상즉종의 열네 번째 깨어있는 마음 수행입니다. 여러분들은 지난 두 주간 이것을 공부하고 실천하고 지켰습니까?

- 종 울림 -

7) 결어

형제, 자매들이여, 나는 공동체가 바라는 대로 상즉족의 14가지 깨어있는 마음 수행을 합송했습니다. 차분하게 합송할 수 있도록 도와주신 모든 형제, 자매들께 감사합니다. 다 같이 합장하고 나를 따라 마지막 합송을 해주시기 바랍니다:

수행을 합송하고
깨달음의 길을 실천하는 일은
무한한 유익을 낳습니다.
우리는 그 열매를 모든 존재들과 함께 나누기를 서약합니다.
우리는 길을 안내하고 지지하는 부모님, 스승님, 친구, 그리고
수많은 존재에게 찬사를 보냅니다.

4. 상즉종의 14가지 깨어있는 마음 전승

14가지 깨어있는 마음 수행은 상즉종의 핵심공동체에서 수계를 받은 세 사람의 도움으로 상즉종의 법사Dharma Teacher에 의해 전승됩니다. 상즉종의 모든 회원은 -핵심공동체이든, 확장공동체이든- 참여할 수 있습니다.

1) 향을 드림

감사한 마음으로 시간과 공간을 넘어 존재하는 모든 붓다와 보살님께 이 향을 드립니다. 이 향이 지구만큼 향기롭게 하시고, 우리의 주의 깊은 노력과 전심 어린 자각, 이해의 열매를 반영하고, 서서히 우리 가운데 영글게 하소서. 우리와 모든 존재들이 붓다와 보살의 친구가 되게 하소서. 우리가 망각에서 깨어나 우리의 진정한 본향을 깨닫게 하소서.

- 종 울림 -

2) 지구와 접하기

시방$^{+方}$으로 빛을 비추신 삼보께 감사한 마음으로 절합니다.

- 종 울림 -

고통과 혼돈 속에서 깨달음의 삶을 살고 가르침으로써 깨달음을 이루신 석가모니 붓다께 감사한 마음으로 절합니다.

- 종 울림 -

우리의 마음과 정신을 깨우치며, 무지를 없애주신, 대지혜의 보살인 문수보살께 감사한 마음으로 절합니다.

- 종 울림 -

모든 존재를 위해 깨어있는 마음과 기쁨으로 일하시는 보현보살께 감사한 마음으로 절합니다.

- 종 울림 -

고통에 응답하고 무한으로 중생을 돌보시는 대자비 관세음보
살께 감사한 마음으로 절합니다.

- 종 울림 -

승가를 이끄시는 마하가섭摩訶迦葉, Mahakashyapa께 감사한 마음으
로 절합니다.

- 종 울림 -

지혜의 장로인 사리불舍利弗, Shariputra께 감사한 마음으로 절합니
다.

- 종 울림 -

부모님께 사랑을 보여준 대목건련大目犍連, Mahamaudgalyaya께 감사한
마음으로 절합니다.

- 종 울림 -

지계제일인 우팔리께 감사한 마음으로 절합니다.

- 종 울림 -

다문제일인 아난다께 감사한 마음으로 절합니다.

- 종 울림 -

최초의 비구니인 마하 고따미^{Mahagotami}께 감사한 마음으로 절
합니다.

- 종 울림 -

두려움이 없이 자비의 길을 보여주신 조상님들께 감사한 마음
으로 절합니다.

- 두 번 종 울림 -

3) 찬가 시작하기

다르마는 깊고 사랑스럽습니다.
우리는 다르마를 보고 연구하고 수행할 기회가 있습니다.
우리는 다르마의 진정한 의미를 깨닫기로 맹세합니다.

4) 반야심경

관세음보살은 반야바라밀다9)의 깊은 과정을 거치면서 오온

---

9) 반야바라밀다는 완벽한 이해(perfect understanding)이다. 틱낫한은 완벽
한 이해를 '지혜'가 아니라 '이해'로 번역한다. 그 이유는 지혜나 지식은

五蘊을 비추고, 그것의 공空함을 알았습니다. 관세음보살은 깨달음 이후, 모든 고통을 이겨냈습니다.

- 종 울림 -

사리불이여, 들으시오.
색은 공이요, 공은 색입니다.
색은 다름 아닌 공이요, 공은 다름 아닌 색입니다.
이는 수, 상, 행, 식도 마찬가지입니다.

- 종 울림 -

사리불이여, 들으시오. 모든 법은 공으로 표현되고 생기거나 죽지 않습니다. 모든 법은 불결하지도 깨끗하지도 않고 늘어나거나 줄어들지도 않습니다. 따라서 공안에는 색色, 수受, 상想, 행行, 식識도, 눈, 귀, 코, 혀, 몸, 마음도, 형태, 소리, 냄새, 맛, 촉각, 마음의 대상도 존재하지 않습니다. 안식眼識에서 의식意識에 이르기까지 어떤 요소도 존재하지 않습니다. 태어남과 노화, 그리고 죽음에 이르기까지 연기가 생기거나 소멸되지도 않습니다. 고통苦도, 고통의 원인集도, 고통의 소멸滅도, 멸하는 길道도, 이해도,

---

단단하여 이해의 흐름을 막을 수도 있는 반면 이해는 개울에 흐르는 물처럼 자연스럽게 흐르기 때문이다. 즉 완벽한 이해는 흐르는 물과 같이 자유롭지만, 지식과 지혜는 단단하여 우리가 이해하는 길을 막을 수 있기 때문이다. 틱낫한, 강옥구 옮김, 『틱낫한 스님의 반야심경』 21-22 참고.

얻음도 없습니다.

- 종 울림 -

반야바라밀다에 기반을 둔 보살들은 얻을 것이 전혀 없기 때문에 그들의 마음에 걸림돌이 없습니다. 보살들은 장애가 없기 때문에 두려움을 이겨내고, 모든 몽상으로부터 자신들을 해방하고 열반을 이루었습니다. 과거와 현재와 미래의 모든 부처들은 반야바라밀다 덕에 완벽하고 올바르며 보편적인 깨달음에 이르렀습니다.

- 종 울림 -

반야바라밀다는 가장 고귀하고 비할 데 없는 만트라^{眞言}이며, 고통의 극복이자, 썩지 않는 진리입니다. 따라서 반야바라밀다의 만트라는 염송되어야 합니다.

이 진언은 다음과 같습니다: 아제아제 바라아제 바라승아제 모지 사바하.10)

---

10) 아제아제 바라아제 바라승아제 모지 사바하(Gate gate paragate parasamgate Bodhi Svaha)의 뜻은 다음과 같다. '아제'는 가버린 것을 의미하는 말로 괴로움에서 괴로움의 해탈로, 망각에서 명상으로, 이원론에서 비이원론으로 가버린 것을 뜻하고, '아제아제'는 가버리고 또 가버린 것, '바라아제'는 강의 건너편까지 가버린 것을 뜻한다. '승'은 모두, 즉 승가로 존재하는 모든 공동체를, '모지(보리:菩提)'는 내면의 빛, 즉 깨달음 또는 해탈을, '사바하'는 기쁨과 흥분의 외침이다. 따라서 '아제아제

- 두 번 종 울림 -

5) 승가갈마 절차

승가갈마사: 모두 모였습니까?

승가갈마 소집자: 네, 모두 모였습니다.

승가갈마사: 공동체에 조화가 있습니까?

승가갈마 소집자: 네, 조화가 있습니다.

승가갈마사: 모인 이유가 무엇입니까?

승가갈마 소집자: 우리는 상즉종의 14가지 수행을 전달하는 승가갈마를 수행하기 위해 모였습니다.

승가갈마사: 고귀한 공동체여, 오늘은 상즉종의 14가지 깨어 있는 마음 수행을 전달하는 날입니다. 우리는 약속한 시간에 모였습니다. 우리 공동체는 화해의 분위기 가운데 깨어있는 마음 수행을 전달하고 받을 준비가 되었습니다. 그러면 전달을 계속 진행하겠습니다.

그것은 옳습니까?

모두가: 그것은 옳습니다.

(질문을 반복하고 세 번 대답한다)

6) 감사함으로 절하기

수계자들은 자신을 낳아주신 부모님께 감사하며, 시방 가운데

바라아제 바라승아제 모지 사바하'는 "가버리네, 가버리네, 끝까지 가버리네, 모두가 강 건너편으로 가버리니 거기 해탈이 있네, 사바하"를 뜻한다. 틱낫한, 강옥구 옮김, 『틱낫한 스님의 반야심경』 94-95 참고.

있는 삼보 앞에 깊이 절합니다.

- 종 울림 -

수계자들은 지금 이 순간 사랑하고, 이해하고, 행복하게 사는 방법을 알려주신 스승님들께 감사하며, 시방 가운데 있는 삼보 앞에 깊이 절합니다.

- 종 울림 -

수계자들은 어려운 순간에 길을 보여주며, 지지해준 벗들에게 감사하며, 시방 가운데 있는 삼보 앞에 깊이 절합니다.

- 두 번 종 울림 -

7) 도입문

오늘 우리 승단은 수계자들이 상즉종의 깨어있는 마음 수행을 받고 지키며, 상족종의 핵심공동체에 입문하는 이 엄숙한 순간에 그들을 영적으로 지원하기 위해 모였습니다.

수계자들이여 들으십시오. 도상에서 보살의 발자취를 따르는 스승과 벗들처럼, 여러분들은 상즉종의 깨어있는 마음 수행을 받고 지키기를 열망했습니다. 여러분들은 사랑의 마음인 보리심

bodhichitta의 씨앗을 낳았습니다. 다른 모든 존재들의 깨우침과 해방뿐만 아니라 여러분 자신의 깨우침과 해방은 가장 고귀한 것이 되었습니다. 상즉종의 형제, 자매들이여, 호흡을 누림으로써 깨어있는 마음을 확고히 하십시오. 그러면 이 순간에 진정으로 현존하고, 수계자들 가운데 있는 사랑의 씨앗을 지원할 수 있습니다. 수계자들은 여러분들의 지원으로 파괴되지 않는 사랑의 씨앗을 단단하고 용기 있게 키울 수 있습니다. 수계자들이여, 지금은 상즉종의 14가지 깨어있는 마음 수행을 받을 엄숙한 순간입니다. 여러분들은 맑고 집중된 마음으로, 낭독되는 14가지 깨어있는 마음 수행을 주의 깊게 들으십시오. 그리고 낭독된 이 수행을 받고, 배우고, 실천할 의사가 있다는 사실을 인지할 때마다 "네, 그렇습니다."고 분명하게 대답하십시오.

- 종 울림 -

수계자들이여, 준비됐습니까?
수계자들: 네, 준비됐습니다.

8) 14가지 깨어있는 마음 수행
이것은 그 당시, 상즉종의 14가지 깨어있는 마음 수행입니다.

① 첫 번째 깨어있는 마음 수행
우리는 광신과 편협함에서 발생하는 고통을 알고 있습니다.

우리는 어떠한 교리나 이론, 이데올로기, 심지어 붓다의 교설이라 할지라도 그것을 우상화하거나 거기에 속박되지 않겠습니다. 붓다의 가르침은 지혜와 자비를 깊이 보고, 전진하도록 도움을 주는 방편입니다. 붓다의 가르침은 싸우거나 죽이기 위한 교리가 아닙니다.

- 침묵 -

이것은 상즉종의 첫 번째 깨어있는 마음 수행입니다. 여러분들은 일상에서 매일 이것을 받고, 배우고, 실천하겠습니까?

수계자들: 네, 그렇게 하겠습니다.

- 종 울림 -

② 두 번째 깨어있는 마음 수행

우리는 견해와 잘못된 인식의 집착에서 고통이 생긴다는 것을 알고 있습니다. 우리는 좁은 소견이나 현재의 견해에 묶이지 않겠습니다. 우리는 타인의 통찰과 경험에 마음의 문을 열기 위해 견해로부터 집착하지 않는 수행을 하겠습니다. 우리는 현재의 지식이 무상하거나 절대적인 진리가 아님을 알고 있습니다. 진리는 삶 가운데 드러납니다. 우리는 일평생 배울 준비가 되어 있고, 매 순간 우리 안과 주위의 삶을 관찰하겠습니다.

- 침묵 -

이것은 상즉종의 두 번째 깨어있는 마음 수행입니다. 여러분들은 일상에서 매일 이것을 받고, 배우고, 실천하겠습니까?

수계자들: 네, 그렇게 하겠습니다.

- 종 울림 -

③ 세 번째 깨어있는 마음 수행

우리는 타인에게 우리의 생각을 강요할 때 고통이 일어난다는 것을 알고 있습니다. 우리는 타인에게 심지어 아이들에게도, 권위, 위협, 돈, 선전, 세뇌와 같은 방식으로 우리의 생각을 강요하지 않겠습니다. 우리는 믿는 것과 결정하는 방식이 우리와 다른 타인의 권리를 존중하겠습니다. 하지만 우리는 타인이 깊은 수행과 자비로운 대화를 통해 광신과 협소한 마음을 버릴 수 있도록 돕겠습니다.

- 침묵 -

이것은 상즉종의 세 번째 깨어있는 마음 수행입니다. 여러분들은 일상에서 매일 이것을 받고, 배우고, 실천하겠습니까?

수계자들: 네, 그렇게 하겠습니다.

- 종 울림 -

④ 네 번째 깨어있는 마음 수행

우리는 고통의 본질을 깊이 보는 것이 자비를 키우고 고통에서 벗어나는 방법을 찾는데 도움이 된다는 사실을 알고 있습니다. 우리는 고통을 회피하지 않겠습니다. 우리는 여러 방법-개인적 접촉이나 이미지, 소리 등-을 모색하여 고통받는 사람과 함께 하겠습니다. 그러면 우리는 그들의 상황을 더 깊이 이해하고 그들의 고통이 자비와 평화, 기쁨이 되도록 도울 수 있습니다.

- 침묵 -

이것은 상즉종의 네 번째 깨어있는 마음 수행입니다. 여러분들은 일상에서 매일 이것을 받고, 배우고, 실천하겠습니까?

수계자들: 네, 그렇게 하겠습니다.

- 종 울림 -

⑤ 다섯 번째 깨어있는 마음 수행

우리는 참 행복이 부와 명예가 아닌 평화와 연대, 자유와 자비심에 뿌리를 두고 있음을 알고 있습니다. 우리는 인생의 목표를 명예와 이익, 부와 감각적 쾌락, 그리고 수백만의 사람들이 굶어 죽는 동안 재산을 축적하는 일에 두지 않겠습니다. 우리는 단순하게 살고, 우리의 시간과 에너지, 물질을 궁핍한 사람들과 나누겠습니다. 우리는 몸과 의식에 독성을 일으키는 알코올, 마약 등과 같은 물질을 사용하지 않고 깨어있는 마음 소비를 수행하겠습니다.

- 침묵 -

이것은 상즉종의 다섯 번째 깨어있는 마음 수행입니다. 여러분들은 일상에서 매일 이것을 받고, 배우고, 실천하겠습니까?

수계자들: 네, 그렇게 하겠습니다.

- 종 울림 -

⑥ 여섯 번째 깨어있는 마음 수행

우리는 화가 의사소통을 가로막고 고통을 초래한다는 사실을 알고 있습니다. 우리는 화가 생길 때 화의 에너지를 돌보고 우리의 의식 깊은 곳에 있는 화의 씨앗을 인식하고 바꾸겠습니다. 화가 생길 때, 우리는 어떤 말도 하지 않고 깨어있는 마음 호흡과 깨어있는 마음 걷기를 수행하고 우리의 분노를 인정하고 감싸

안으며 깊이 보겠습니다. 우리는 화의 원인이라고 생각되는 우리
자신과 타인을 자비의 눈으로 바라보겠습니다.

- 침묵 -

이것은 상즉종의 여섯 번째 깨어있는 마음 수행입니다. 여러
분들은 일상에서 매일 이것을 받고, 배우고, 실천하겠습니까?

수계자들: 네, 그렇게 하겠습니다.

- 종 울림 -

⑦ 일곱 번째 깨어있는 마음 수행
우리는 삶이란 이 순간만 의미가 있고 지금 여기서 행복하게
사는 것임을 알고 있습니다. 삶의 매 순간 깊이 살 수 있도록
수행에 전념하겠습니다. 우리는 우리 자신을 산만하게 하거나
과거에 대한 후회, 미래에 대한 걱정, 현재의 욕심, 분노, 시기
등에 이끌려 살지 않겠습니다. 우리는 이 순간에 일어나고 있는
일에 깨어있기 위해 깨어있는 마음 호흡을 수행하겠습니다. 우
리는 우리의 안과 주위에서 경이롭고 신선한 치유의 요소들과
접촉하고 우리 안에 있는 기쁨과 평화, 사랑과 이해의 씨앗을
키우겠습니다. 그리하여 우리 의식에 내재된 변화와 치유의 요
소를 촉진하겠습니다.

- 침묵 -

이것은 상즉종의 일곱 번째 깨어있는 마음 수행입니다. 여러분들은 일상에서 매일 이것을 받고, 배우고, 실천하겠습니까?

수계자들: 네, 그렇게 하겠습니다.

- 종 울림 -

⑧ 여덟 번째 깨어있는 마음 수행

우리는 의사소통의 부족이 분리와 고통을 초래한다는 사실을 알고 있습니다. 우리는 자비롭게 듣고 다정하게 말하는 수행에 전념하겠습니다. 우리는 판단하거나 반응하지 않고 조화를 깨뜨리거나 공동체를 파괴하는 말을 삼가고 깊이 듣겠습니다. 우리는 혼신을 다해 의사소통을 잘 유지하고 아무리 작은 갈등이라도 조정하고 화해할 수 있도록 하겠습니다.

- 침묵 -

이것은 상즉종의 여덟 번째 깨어있는 마음 수행입니다. 여러분들은 일상에서 매일 이것을 받고, 배우고, 실천하겠습니까?

수계자들: 네, 그렇게 하겠습니다.

- 종 울림 -

⑨ 아홉 번째 깨어있는 마음 수행

우리는 고통과 행복이 말로 인해 생긴다는 것을 알고 있습니다. 우리는 희망과 신뢰를 주는 말, 진실하고 건설적인 말을 하겠습니다. 우리는 자신의 이익을 위해 불의한 말을 하거나, 분리나 증오를 낳는 말을 하지 않겠습니다. 우리는 확실히 알지 못하는 소식을 퍼트리지 않고, 확신할 수 없는 일에 대해서 비난하지 않겠습니다. 우리는 안전이 위협당해도 정의롭지 못한 일에 대해 거리낌 없이 말하겠습니다.

- 침묵 -

이것은 상즉종의 아홉 번째 깨어있는 마음 수행입니다. 여러분들은 일상에서 매일 이것을 받고, 배우고, 실천하겠습니까?

수계자들: 네, 그렇게 하겠습니다.

- 종 울림 -

⑩ 열 번째 깨어있는 마음 수행

우리는 승가의 본질과 목적이 이해와 자비의 수행이라는 것을 알고 있습니다. 우리는 공동체를 개인적인 이익을 위해 사용하거나 정치 단체로 만들지 않겠습니다. 하지만 우리 공동체는 압제와 불의에 대해 분명한 입장을 취하고 당파적인 갈등에 휘말리지 않고 상황을 개선하겠습니다.

- 침묵 -

이것은 상즉종의 열 번째 깨어있는 마음 수행입니다. 여러분들은 일상에서 매일 이것을 받고, 배우고, 실천하겠습니까?

수계자들: 네, 그렇게 하겠습니다.

- 종 울림 -

⑪ 열한 번째 깨어있는 마음 수행

우리는 주변 환경과 사회에서 큰 폭력과 불의가 자행되었음을 알고 있습니다. 우리는 인간과 자연에 해를 끼치는 직업을 갖지 않겠습니다. 우리는 최선을 다해 이해와 자비의 이상을 실현하고 도움을 주는 직업을 선택하겠습니다. 우리는 세계 경제와 정치, 사회 현실을 잘 알고 있습니다. 따라서 우리는 타인에게 삶의 기회를 빼앗는 회사를 지지하지 않고 책임감 있는 소비자와 시민으로 행동하겠습니다.

- 침묵 -

이것은 상즉종의 열한 번째 깨어있는 마음 수행입니다. 여러 분들은 일상에서 매일 이것을 받고, 배우고, 실천하겠습니까?

수계자들: 네, 그렇게 하겠습니다.

- 종 울림 -

⑫ 열두 번째 깨어있는 마음 수행

우리는 전쟁과 갈등으로 많은 고통이 초래된다는 사실을 알고 있습니다. 우리는 일상에서 비폭력과 이해, 자비를 기르고, 평화 교육과 깨어있는 마음 명상, 그리고 가족과 공동체, 국가와 전 세계와 화해를 추구하겠습니다. 우리는 살인하지 않을 뿐만 아니라 누군가의 살인을 용인하지 않겠습니다. 우리는 생명을 보호하고 전쟁을 예방하기 위해 더 나은 방법을 찾고 승가와 함께 깊은 성찰을 수행하겠습니다.

- 침묵 -

이것은 상즉종의 열두 번째 깨어있는 마음 수행입니다. 여러 분들은 일상에서 매일 이것을 받고, 배우고, 실천하겠습니까?

수계자들: 네, 그렇게 하겠습니다.

- 종 울림 -

⑬ 열세 번째 깨어있는 마음 수행

우리는 착취와 불평등, 약탈, 압제를 알고 있습니다. 우리는 자비를 키우고 사람과 동물, 식물과 광물의 안녕을 위해 일할 방법을 찾겠습니다. 우리는 궁핍한 사람들에게 우리의 시간과 에너지, 자원을 나눔으로써 관대함을 실천하겠습니다. 우리는 약탈하지 않고 타인의 어떤 것도 소유하지 않겠습니다. 우리는 타인의 재산을 존중하겠습니다. 그러나 우리는 사람들이 타인이나 다른 생명체들의 고통으로부터 이익을 얻지 못하도록 하겠습니다.

- 침묵 -

이것은 상즉종의 열세 번째 깨어있는 마음 수행입니다. 여러분들은 일상에서 매일 이것을 받고, 배우고, 실천하겠습니까?

수계자들: 네, 그렇게 하겠습니다.

- 종 울림 -

⑭ 열네 번째 깨어있는 마음 수행

〈재가자들을 위해〉 욕망에 의한 성관계는 외로움을 없앨 수 없고 더 많은 고통과 좌절, 고립을 낳는다는 사실을 알고 있습니다. 우리는 상호 이해와 사랑, 오랜 헌신이 수반되지 않은 성관계는 하지 않겠습니다. 우리는 성관계를 통해 앞으로 초래될 고통을 분명히 알아야 합니다. 우리는 우리 자신과 타인의 행복을 지키기 위해 나와 타인의 권리와 헌신을 존중해야 한다는 사실을 알고 있습니다. 우리는 있는 힘을 다해 성폭력으로부터 아이들을 보호하고 연인이나 가족이 성추행으로 무너지지 않도록 하겠습니다. 우리는 몸을 존엄하게 대하고 보살의 이상을 실현하기 위해 우리의 생명 에너지를 지키겠습니다. 우리는 세상에 새로운 생명을 불어넣을 책임을 충분히 인식하고 새로운 존재들을 불어넣은 세상을 명상하겠습니다.

〈출가자들을 위해〉 비구와 비구니들의 염원은 자신들이 세속적인 사랑의 관계를 온전히 떠날 때 이루어진다는 사실을 알고 있습니다. 그래서 우리는 자비를 실천하고 타인이 <u>스스로</u> 보호할 수 있도록 돕겠습니다. 외로움과 고통은 두 몸이 결합 된 성관계를 통해서가 아니라 진정한 이해와 자비의 실천으로 줄어든다는 것을 알고 있습니다. 우리는 성관계가 수도자의 삶을 파괴하고 생명체를 돕는 우리의 이상을 막고, 타인에게 해가 된다는 사실을 알고 있습니다. 우리는 몸을 억압하거나 학대하지 않고, 단순한 도구로 여기지도 않으며 정중히 대하겠습니다. 우리는 보살의 이상을 실현하기 위해 생명 에너지 성, 숨, 영을 지키겠습니다.

- 침묵 -

이것은 상즉종의 열네 번째 깨어있는 마음 수행입니다. 여러분들은 일상에서 매일 이것을 받고, 배우고, 실천하겠습니까?

수계자들: 네, 그렇게 하겠습니다.

- 종 울림 -

9) 결어

수계자들이여, 여러분들은 상즉종의 14가지 수행을 받았습니다. 여러분들은 보살들의 길에 첫발을 내디뎠습니다. 첫째는 대지 문수보살의 길입니다. 문수보살은 무수한 잘못된 견해와 편견, 분별지를 없애줍니다. 둘째는 대비 관세음보살의 길입니다. 관세음보살은 모든 존재의 생명을 사랑하고, 가치 있게 하고, 보호합니다. 또한 멀리서나 가까이서 이들을 돕기 위해 그들의 울부짖음에 귀 기울입니다. 셋째는 대행 보현보살의 길입니다. 보현보살은 매 순간 세상의 사랑과 이해와 조화를 창조합니다.

상즉종의 형제, 자매들이여, 지금 이 순간, 한 마음으로 수계자들의 현재와 미래를 돕기 위해 영적인 지지를 보내십시오. 여러분들의 수행의 길에 형제와 자매, 붓다들과 보살들이 함께 할 것입니다. 종소리가 나면, 삼보에 감사하기 위해 일어나 세 번 절하십시오. 고귀한 공동체여, 염불을 위해 마음을 집중해주십시오. 그러면 수계자들의 깨어있는 마음 수행의 몸이 용기를 얻고 강해져 지속 될 수 있습니다.

10) 염불

나무 석가모니 붓다
나무 문수보살
나무 보현보살
나무 관세음보살
(각각의 이름을 세 번 반복한다)

11) 수계증서와 법복 전달

— 삼귀의^{三歸依} *—*

나는 붓다께 귀의합니다.
나는 다르마에 귀의합니다.
나는 승가에 귀의합니다.

12) 마무리 찬가

다 같이 합장하고 나를 따라 마지막 합송을 해주시기 바랍니다:

수행을 합송하고
깨달음의 길을 실천하는 일은
무한한 유익을 낳습니다.
우리는 그 열매를 모든 존재들과 함께 나누기를 서약합니다.
우리는 길을 안내하고 지지하는 부모님, 스승님, 친구, 그리고
수많은 존재에게 찬사를 보냅니다.

4

정관

정 관

제 1 조 - 명칭, 목적, 전통

1) 종단의 이름은 상즉종으로 한다.

2) 상즉종의 목적은 보살의 이상을 특별히 강조하여 불교를 연구, 실험하고, 현대사회에 적용함으로써 불교를 현실화하는 것이다.

3) 상즉종은 선불교의 임제종 전통에 근거하여 창단되었다. 상즉종은 4가지 정신에 기반 한다: 견해에 집착하지 않는 정신, 명상을 통한 연기의 본질에 대한 실험정신, 어울림 정신, 방편의 정신이다. 4가지 정신 모두 불교 전통에 근거한다.

제 2 조 - 경전, 가르침, 방법

4) 상즉종은 어떤 경전도 소의 경전으로 삼지 않는다. 이는 모

든 경전에 있는 불법의 본질에 근거한다. 상족종은 어떤 종파에서 제기된 것이든 불교 가르침을 조직적으로 체계화하지 않는다. 상즉종은 초기 불교의 다르마의 정신을 실현하고, 상즉종의 전 역사를 통해 다르마의 정신을 발전시키며, 모든 불교 전통에서의 다르마의 삶과 가르침을 실현한다.

5) 상즉종은 부처의 말씀이든, 후대에 편집된 것이든, 모든 경전을 불교 경전으로 간주한다. 상즉종은 다른 영적 전통의 경전에서 영감을 찾는다. 상즉종은 근본불교가 새로운 종파들로 전개되는 현상을 불교 정신의 활기를 위해 필요한 것으로 간주한다. 단지 우리는 진정한 불교 정신이 영속할 수 있도록 새로운 형태의 불교적 삶을 제안한다.

6) 상족종의 삶은 이해와 자비로 키워진다. 불교적 삶으로 발현된 자비와 이해는 인류의 평화와 행복에 기여한다. 상즉종은 참 이해를 위해 가장 중요한 두 지침을 원칙으로 삼는다. 첫째는 견해에 집착하지 않는 원칙, 둘째는 명상을 통한 직접적인 연기의 실험정신이다. 상즉종은 어울림 원칙과 방편의 원칙을 사회 행동을 위한 지침으로 삼는다. 견해에 대한 무집착 정신과 직접적인 실험정신은 현실 인식 영역과 인간관계 영역 모두에서 열린 마음과 연민으로 이어진다. 어울림 정신과 방편의 정신은 창의적이고 조화로운 능력을 낳고, 이 두 능력은 살아있는 존재를 섬기는데 필수적인 것이다.

7) 상즉종은 보고 행동함에 있어 교조주의dogmatism을 거부한다. 상즉종은 삶에서 참다운 통찰력과 자비의 정신을 소생시키고 유지할 수 있는 모든 활동을 추구한다. 상즉종에서 이 정신은 다른 어떤 불교 단체나 전통보다 중요하다. 상즉종의 회원들은 보살의 염원으로 스스로 변화를 꾀함으로써 활기차고 깨어있는 마음으로 살고 자비와 이해로 사회를 직접 변화시키기를 원한다.

제 3 조 - 권한, 회원, 조직

8) 상즉종은 공동체의 모든 회원들의 자유와 책임을 보호하고 존중하기 위해 비구와 비구니, 재가자들의 동등함을 추구한다.

9) 상즉종은 붓다와 재가 제자들과 인간과 궁극적 실재 사이의 어떠한 중재자도 필요치 않는다. 상즉종에서 스승과 비구, 비구니, 그리고 재가자들의 통찰력과 경험은 다르마를 실천하는 자들에게 도움이 된다.

10) 상즉종의 회원들은 핵심공동체와 확장공동체에 소속된다. 핵심공동체의 멤버들은 상즉종의 14가지 깨어있는 마음 수행과 다섯 가지 깨어있는 마음 수행을 준수하기로 서약한

자들과, 수계를 받은 자들이다. 확장공동체의 멤버들은 수계를 받지는 않았으나 14가지 깨어있는 마음 수행을 준수하기로 서약하고 상즉종의 정신에 따라 살기로 노력하는 자들이다. 핵심공동체의 회원들은 승가를 조직하고 지원할 책임을 갖고, 깨어있는 마음 합송과 깨어있는 마음의 일상화, 깨어있는 마음 안거를 지속한다.

11) 확장공동체는 2주에 한 번씩 깨어있는 마음 수행의 합송에 참여하고, 핵심공동체가 후원하는 영적인 사회 활동에 참여함으로써 핵심공동체와 면밀한 관계를 유지한다. 1년 이상 수행에 정기적으로 참가한 확장공동체의 장기회원들은 핵심공동체의 멤버가 되기 위해 그들이 다섯 가지 깨어있는 마음 수행을 받았는지의 여부와 상관없이 개인의 자격에 대하여 자문을 받아야 한다.

12) 법사들은 핵심공동체의 멤버로, 수행을 안정적으로 지속하고 행복한 삶을 이끌어 갈 수 있는 자들이다. 이들은 여러 지역의 승가에서 기쁨과 안정을 고무하는 역할을 한다. 지역의 승가들은 법사의 가능성이 있는 사람들을 추천할 필요가 있다.

제 4 조 - 수계 조건과 깨어있는 마음 수행

13) 상즉종의 깨어있는 마음 수행은 영적 수행을 모든 사회 활동의 근거로 보는 종단의 삶을 반영한다.

14) 깨어있는 마음 수행은 정관의 핵심이다. 공동체의 회원들은 2주에 한 번 씩 다섯 가지 깨어있는 마음 수행과 14가지 깨어있는 마음 수행을 합송한다. 합송을 석 달간 하지 않으면 수계를 박탈한다.

15) 18세 이상인 자들은 인종, 국적, 피부색, 성별, 성적 취향과 무관하게 누구나 상즉종에 입단할 수 있다. 단, 깨어있는 마음 수행과 핵심공동체의 다른 요건들을 배우고 실천할 능력을 보여주고, 삼보와 다섯 가지 깨어있는 마음 수행을 공식적으로 받아들여야 한다.

16) 지원자의 신청 절차는 상즉족의 핵심공동체의 일원이 되고자 하는 염원을 발표함으로써 시작된다. 발표는 지역 승가의 핵심공동체의 회원들에게 서면으로 해야 한다. 단, 없을 경우 자격 있는 법사에게 전달되어야 한다. 지원자는 삼보와 다섯 가지 깨어있는 마음 수행을 받아야 한다. 그 다음에 한 명 이상의 핵심공동체의 회원이 적어도 1년 이상 그 지원자를 지도하고 훈련한다. 지도하고 훈련하는 기간은 지원

자가 꾸준하고 행복하게, 승가와 조화롭게 수행할 때까지다. 이 단계에서 지원자는 핵심공동체를 더 잘 알게 되고, 반대로 핵심공동체도 지원자를 더 잘 알게 된다. 뿐만 아니라 핵심공동체는 지원자의 추가 지도가 필요한 수행 분야에 더 나은 지도와 지원, 상즉종 회원의 역할에 대한 한층 강화된 훈련을 제공할 할 수 있다. 적절할 경우, 핵심공동체의 회원들과 법사들은 지원자가 상즉종의 수계를 받을 준비가 되었는지의 여부와 상관없이 확산공동체의 장기회원들의 조언을 거친 후에 결정할 수 있다. 핵심공동체의 역할은 승가를 건립하고 지원하는 일, 개인의 경험에서 나온 다르마를 설명하는 일, 자기 가족과 평화와 조화를 유지하며 정기적인 명상 수행으로 타인에게 보리심을 키우는 일 등, 보살의 이상을 나타내는 것이다.

17) 핵심공동체와 법사들은 지원 신청서를 결정할 때, 설사 수계 연기가 예상되더라도, 승가의 눈으로 지원자의 보리심을 키워야 한다. 지역 승가는 지원자의 목표와 염원이 꺾이지 않는 한, 지역의 문화·지리·상황 등을 합리적으로 고려하여 정관에 있는 신청 절차를 수정할 수 있다. 정관에 수계와 관련된 신청 조항은 의학적 어려움 등과 같은 특수한 상황에서는 면제될 수 있다. 단, 해당 사항이 있을 경우 집행위원회의 조정자와 가장 적절한 법사, 그리고 시간이 허락되면 핵심공동체의 적임자와 먼저 협의할 수 있다. 지원

자가 수계를 받을 준비가 되었다는 지시가 내려지면, 핵심 공동체가 지정한 사람에게 지원자의 이름을 보고한다. 보고 서는 수계식이 진행될 때, 상즉종의 총무에게 서면으로 보고하고, 이름과 성별, 법명, 수계 날짜와 장소, 수계를 집행한 법사의 이름 등을 제출한다.

18) 핵심공동체의 회원들은 적어도 1년에 60일간 깨어있는 마음을 수행해야한다. 일부 회원은 가족이나 여타의 다른 책임감 때문에 60일간의 수행 요구사항이 어려울 수 있다. 따라서 상황에 따라 승가의 허락이 있으면 그 요구사항을 유연하게 할 수 있다.

19) 핵심공동체의 모든 회원들은 지역 승가와 준비하여 수행해야 한다.

20) 핵심공동체의 회원들이 다섯 가지 깨어있는 마음 수행과 14가지 깨어있는 마음 수행 정신을 준수하면, 그들의 삶의 방식이 독신이든 아니든 똑같이 유효하다. 두 파트너를 지원하기 위해, 핵심공동체의 멤버의 파트너가 핵심공동체의 회원이면 유리하다. 단, 확장공동체의 회원이면 그 회원이 핵심공동체의 파트너와 조화롭게 지내고, 핵심공동체의 파트너가 확장공동체의 회원의 수행을 지원하고 격려하면 상관없다.

제 5 조 - 지도력, 재산, 회계

21) 핵심공동체의 총회는 정기적으로 소집된다. 총회의 날짜와 장소는 6개월 전에 핵심공동체의 전 회원에게 통보해야 한다. 미참여 회원은 대리인을 지정할 수 있다. 합의 과정은 회의 시작 시, 제시·검토·개정한다. 협력 팀원들이 돌아가면서 회의를 진행하되, 국적이 다른 여자 한 명, 남자 한 명으로 한다. 총회의 각 회의의 회의록은 상즉종의 생활과 업무에 대한 진행 기록으로 보관한다. 회의록은 회원들의 요청에 따라 열람할 수 있다.

22) 핵심공동체는 총회에서, 집행위원회를 선정하여 상즉종의 업무를 총괄·지도하고, 집행위원들 가운데 집행위원 조정자들을 승인한다. 총회는 고통을 완화하고, 보살의 이상을 실현하며, 승가의 연대를 가장 강하게 지지해줄 특별 조직과 기구를 결정한다. 핵심공동체는 원로들의 성숙한 삶과 수행, 청년들의 활기에 따라 현행 장로 위원회와 청년 위원회의 지원과 지지, 격려와 이익을 도모한다.

23) 정관의 정신에 따라 조직된 지역 승가는 전 세계 승가 공동체와 소통을 원활히 한다.

24) 핵심공동체의 멤버가 되기 위해 회비 납부 의무는 없다. 회

비는 종단의 업무를 위해 집행위원회와 총회가 기부할 수 있다. 기부금과 회비를 포함한 상즉종의 모든 자금은 "상즉종"이라는 이름으로 별도의 기금으로 보관한다. 회계는 회원들에게 세부 재정보고서를 1년에 한 번 제출한다. 관리비용을 충당한 이후의 자금은 지역 승가의 회원들이 종단 안거에 참여할 수 있는 지원금 지급과 고통 경감을 위한 업무에 사용한다.

25) 상즉종의 모든 승가의 재산은 해당 지역의 국가 및 관할 지역 규정에 따른다. 승가의 재산을 담당하는 사람들을 보호하기 위해 은행 계좌, 통화, 부동산, 자동차 등을 포함한 모든 자산은 일반적인 회계 관행에 따라 보고되어야 한다. 만일 지역 승가 공동체가 상즉종 본원의 기금을 관리할 경우, 회계는 별도로 보관하고, 세부 보고서는 해마다 상즉종 본원의 회계 담당자에게 제출한다.

제 6 조 - 정관 수정

26) 이 정관은 모두 수정이 가능하다. 따라서 정관의 정신은 수행의 역사 내내 유지된다. 수정 전의 정관들은 보관되어 다음 세대들이 이용할 수 있게 한다. 모든 정관은 향후 참조할 수 있도록 날짜를 정확히 명시한다.

27) 14가지 깨어있는 마음 수행과 이 정관은 핵심공동체의 총회 때마다 재검토되어야 한다.

28) 6개 조항과 29개의 항목으로 구성된 이 정관은 현대사회에 부합하기 위해 핵심공동체의 총회 때마다 개정되어야 한다.

29) 모든 변화는, 승가의 전통에 따라, 다수가 아닌 합의에 의해야 한다.